1~4학년 개정 교과서에서 쏙쏙 뽑은
초등 교과서 낱말 퍼즐

정명숙 엮음 | 허민영 그림

지경사

들어가며

'낱말 퍼즐'로 어휘력과 문해력을 키우자!

'통밥'이란 말은 들어 봤어도 '통박'이란 말은 처음 들어 봤거든. 걔 땜에 한참 헤맸어.
'둘째가라면 서럽다'고 칭찬하셨는데, 날 무시하는 말인 줄 알고 오해했지 뭐야.
'신대륙을 발명하고, 전구를 발견했다'라고 답을 썼거든. 왜 틀린 거야?

글을 읽다가 모르는 낱말이 나와 문장을 이해하지 못한 적은 없나요?
관용구를 이해하지 못하는 바람에 엉뚱한 오해를 한 적은 없나요?
시험 문제를 풀다가 낱말의 뜻을 정확히 몰라서 틀린 적은 없나요?

평소에 하찮게 생각했던 낱말 하나 때문에 글의 내용도 이해하지 못하고, 선생님의 칭찬도 알아듣지 못하고, 시험을 망치기라도 한다면 엄청 속상할 거예요.

'이런 친구들에게 도움을 줄 수 있는 게 없을까?'

고민하다 만든 것이 바로 이 책이에요.
가장 중요한 도구 교과인 '국어', '수학' 책에 나오는 핵심 낱말을 뽑아 가로세로 퍼즐 모형에 담았어요. 또한 여러 글자 속에서 정답을 찾아 묶어 보기도 하는 등 흥미롭게 구성했지요.

　놀이하듯이 풀어 보는 낱말 퍼즐로 인해 성취감이 생기고, 성취감이 쌓여 어느새 어휘력이 쑥쑥 크고, 어휘력이 늘어 글 전체의 맥락을 파악하는 문해력도 자라고, 성적까지 쭈욱 오른다면 얼마나 신날까요?

　낱말의 뜻풀이는 물론 반대말과 비슷한말, 해당 낱말의 한자와 영어 단어까지 알게 되니 일석사조가 따로 없네요. 그리고 한 단계가 끝날 때마다 익힌 낱말을 활용해 '수수께끼, 속담, 관용구, 맞춤법, 낱말 퀴즈' 코너도 마련했어요. 앞의 낱말 퍼즐을 다 풀면 땅 짚고 헤엄치는 것처럼 쉽게 알아맞힐 수 있을 거예요.

　'자음과 모음이 모여서 낱말, 낱말이 모여서 문장, 문장이 모여서 문단, 문단이 모여서 글'이 된다는 사실을 기억하며 글의 토대가 되는 낱말 퍼즐 많이 풀어 보세요.
　어디서 어휘력과 문해력이 쑥쑥 자라는 소리가 들리지 않나요?

2025년 9월
낱말 퍼즐 전문 작가 정명숙

차례

1단계

1학년 교과서와 함께하는

낱말 퍼즐·낱말 게임

자음·모음 | 8 글자·글씨 | 10 학교·이웃 | 12
　수수께끼·속담 퀴즈·맞춤법 퀴즈·정답 | 14
낱말·문장 | 16 국어·수학 | 18 덧셈·뺄셈 | 20
　수수께끼·속담 퀴즈·맞춤법 퀴즈·정답 | 22
　　☀ 도전! 낱말 퀴즈 | 24

쌍받침·겹받침 | 26 만화·영화 | 28 연극·흉내 | 30
　수수께끼·속담 퀴즈·맞춤법 퀴즈·정답 | 32
한글·한자 | 34 감동·표현 | 36 홀수·짝수 | 38
　수수께끼·속담 퀴즈·맞춤법 퀴즈·정답 | 40
　　☀ 도전! 낱말 퀴즈 | 42

똑똑! 문해력 상식 사전 1 | 44

2단계

2학년 교과서와 함께하는

낱말 퍼즐·낱말 게임

말놀이·토박이말 | 46 자기소개·글감 | 48 분위기·낭송 | 50
　수수께끼·속담 퀴즈·맞춤법 퀴즈·정답 | 52
맞춤법·사전 | 54 작품·감상 | 56 도형·단위 | 58
　수수께끼·속담 퀴즈·맞춤법 퀴즈·정답 | 60
　　☀ 도전! 낱말 퀴즈 | 62

존중·공감 | 64 편지·대본 | 66 다르다·틀리다 | 68
　수수께끼·속담 퀴즈·맞춤법 퀴즈·정답 | 70
광고·매체 | 72 작가·창작 | 74 구구단·그래프 | 76
　수수께끼·속담 퀴즈·맞춤법 퀴즈·정답 | 78
　　☀ 도전! 낱말 퀴즈 | 80

똑똑! 문해력 상식 사전 2 | 82

3단계

3학년 교과서와 함께하는

낱말 퍼즐·낱말 게임

도서·독서 | 84 생생하게·유창하게 | 86 짜임새·문단 | 88
　수수께끼·관용구 퀴즈·맞춤법 퀴즈·정답 | 90
배려·소통 | 92 저작권·출처 | 94 김치·치즈 | 96
　수수께끼·관용구 퀴즈·맞춤법 퀴즈·정답 | 98
　☀ 도전! 낱말 퀴즈 | 100

댓글·줄임말 | 102 인물·성격 | 104 사실·의견 | 106
　수수께끼·관용구 퀴즈·맞춤법 퀴즈·정답 | 108
과거·미래 | 110 자장면·강냉이 | 112 단오·한식 | 114
　수수께끼·관용구 퀴즈·맞춤법 퀴즈·정답 | 116
　☀ 도전! 낱말 퀴즈 | 118

똑똑! 문해력 상식 사전 3 | 120

4단계

4학년 교과서와 함께하는

낱말 퍼즐·낱말 게임

질문·대답 | 122 토의·판단 | 124 관찰·기록 | 126
　수수께끼·관용구 퀴즈·맞춤법 퀴즈·정답 | 128
비슷한말·반대말 | 130 자료·검색 | 132 주장·근거 | 134
　수수께끼·관용구 퀴즈·맞춤법 퀴즈·정답 | 136
　☀ 도전! 낱말 퀴즈 | 138

동형이의어·다의어 | 140 이것·저것 | 142 메모·습관 | 144
　수수께끼·관용구 퀴즈·맞춤법 퀴즈·정답 | 146
발표·자신감 | 148 원인·결과 | 150 가로·세로 | 152
　수수께끼·관용구 퀴즈·맞춤법 퀴즈·정답 | 154
　☀ 도전! 낱말 퀴즈 | 156

자유롭게 써 봐요! | 158

<참고 - 1,2학년군 교과서 / 3,4학년군 교과서>

국어1-1㉮, ㉯ / 1-2㉮, ㉯ / 국어활동 1-1, 1-2

국어2-1㉮, ㉯ / 2-2㉮, ㉯ / 국어활동 2-1, 2-2

국어3-1㉮, ㉯ / 3-2㉮, ㉯ / 국어활동 3-1, 3-2

국어4-1㉮, ㉯ / 4-2㉮, ㉯ / 국어활동 4-1, 4-2

수학1-1, 1-2 / 수학익힘 1-1

수학2-1, 2-2

예: 예문　비: 비슷한말　반: 반대말　영: 영어　漢: 한자

1단계

1학년 교과서와 함께하는

낱말 퍼즐·낱말 게임

어휘력 쑥쑥! 문해력 탄탄!

STEP 1

자음·모음

가로 낱말 풀이

1 한글 자음자 'ㄱ'의 이름.
  예 'ㅇㅇ'을 '기윽', '디귿'을 '디읃', '시옷'을 '시웃'으로 잘못 읽으면 안 돼요.

3 나이가 어린 사람.
  예 ㅇㅇ 자라 어른 된다. 영 child

5 한글 닿소리.
  예 [기역, 니은, 디귿, 리을, 미음, 비읍, 시옷, 이응, 지읒, 치읓, 키읔, 티읕, 피읖, 히읗]
  한글 ㅇㅇ은 모두 14자예요. 반 모음 漢 子音

세로 낱말 풀이

2 육지에서 가장 키가 큰 동물.
  예 원숭이는 팔이 길고, 가오리는 꼬리가 길고, ㅇㅇ은 목이 길어요. 영 giraffe

4 다른 것과 구별하기 위하여 사람이나 물건에 붙여 부르는 말.
  예 아기 공룡아, 너 ㅇㅇ이 뭐니? 비 성명 영 name

6 한글 홀소리.
  예 ㅏ, ㅑ, ㅓ, ㅕ, ㅗ, ㅛ, ㅜ, ㅠ, ㅡ, ㅣ [아, 야, 어, 여, 오, 요, 우, 유, 으, 이] 한글 ㅇㅇ은 모두 10자예요.
  반 자음 漢 母音

Q 교과 연계 • 국어1-1 가: 62쪽, 83쪽, 103쪽, 112쪽 • 국어활동1-1: 6쪽, 8쪽

★ 정답을 또박또박 써 보세요.

▶ 정답 15쪽

🐱 고사성어 탐구

견마지로 犬馬之勞

'개와 말 정도의 하찮은 수고'라는 뜻으로, 임금이나 나라에 충성을 다하는 자신의 노력을 낮추어 하는 말.
(출전: <사기>의 소상국세가)

STEP 1

글자·글씨

가로 낱말 풀이

1 사람의 말을 적는 부호.
   예 한글은 세계에서 가장 과학적인 ○○예요. 영 letter

3 그물 같은 집을 지어 놓고 벌레가 걸리면 양분을 빨아 먹고 사는 동물.
   예 다리가 6개인 개미는 곤충, 다리가 8개인 ○○는 절지동물이에요. 영 spider

5 한글 자음 'ㅉ'의 이름.
   예 '짜장면'에 들어 있는 'ㅉ'의 이름은 ○○○이에요.

세로 낱말 풀이

2 써 놓은 글자의 모양.
   예 볼펜으로 ○○를 쓰면 잘못 썼을 때 지우기 힘들어요. 영 handwriting

4 여러 갈래로 어지럽게 갈라져 헷갈리기 쉬운 길.
   예 들어가기는 쉬워도 빠져나오기는 어려운 ○○ 찾기 게임! 영 maze 漢 迷路

6 공기 중의 물방울이 햇빛을 받아 나타나는 일곱 빛깔의 띠.
   예 비 온 뒤, 빨주노초파남보 일곱 빛깔 ○○○가 떴어요. 영 rainbow

교과 연계 • 국어1-1 ㉮: 52쪽, 81쪽, 103쪽, 144쪽 • 국어활동1-1: 6쪽, 109쪽

🐱 고사성어 탐구

결초보은 結草報恩

남에게 입은 은혜를 죽어서까지도 잊지 않고 갚는다는 뜻. (출전: <춘추좌씨전>의 선공 15년)

STEP 1

학교·이웃

낱말 풀이

1 식물의 줄기나 동물의 몸에 바늘처럼 뾰족하게 돋아난 것.
예 고슴도치의 등에는 수많은 ○○가 나 있어요. 영 prickle

2 교육에 필요한 시설을 갖추고, 교사가 학생을 가르치는 곳.
예 일곱 살이 되면 유치원을 졸업하고 초등○○에 입학해요. 영 school 漢 學校

3 서로 가까이에 사는 집.
예 '먼 사촌보다 가까운 ○○이 낫다'는 속담도 있어요. 비 이웃집 영 neighbor

4 손을 내밀어 그 모양에 따라 순서를 정하는 방법.
예 안 내면 술래 ○○○○○! 영 rock-paper-scissors

5 학교에서 교육 과정에 따라 사용하는 책.
예 국어와 국어활동, 수학과 수학익힘 ○○○는 함께 가지고 다니세요. 영 textbook 漢 敎科書

6 집을 떠나 가까운 곳에 잠시 다녀오는 일.
예 병아리 떼 종종종 봄○○○ 갑니다. 비 바깥나들이 영 outing

Q 교과 연계 • 국어1-1 ㉮: 43쪽, 88쪽, 94쪽 • 국어1-1 ㉯: 235쪽, 237쪽, 268쪽

📝 공부한 날   월   일

★ 정답을 찾아 묶어 보세요!

가	구	꼬	석	교
시	위	학	교	과
은	나	바	용	서
성	들	박	위	가
고	이	래	가	보
콩	이	웃	다	맹

▶ 정답 15쪽

🦦 속담 읽기

갈수록 태산

갈수록 더욱 어려운 일이 닥쳐온다는 뜻이에요. 하지만 아무리 힘든 일이 닥쳐도 희망을 잃지 않으면 이겨 낼 수 있어요. 비슷한 속담: 산 너머 산이다, 산은 오를수록 높고 물은 건널수록 깊다

STEP 1

🔆 **수수께끼** 다 자랐는데 계속 자라라고 하는 것은?

정답은 ☐ ☐ 입니다.

🔆 **속담 퀴즈** ○○○ 올챙이 적 생각 못 한다

잘되고 나서, 옛날에 어려웠던 때를 생각하지 않고 처음부터 잘난 듯이 뽐냄을 비꼬아 이르는 말.

정답은   ☐ 입니다.

🔍 **교과 연계** • 국어1-1 ㉠: 20쪽, 79쪽, 103쪽

 **'두더지'일까요, '두더쥐'일까요?**

정답은    입니다.

정답

- 자음·모음

- 글자·글씨

	¹·²글	자		³거	⁴미
	씨				로
			⁶무		
	⁵쌍	지	읏		
	개				

- 학교·이웃

- 수수께끼 정답 **자라**
- 속담 퀴즈 정답 **개구리**
- 맞춤법 퀴즈 정답 **두더지**

STEP 1

낱말·문장

가로 낱말 풀이

1 분리해서 자립적으로 쓸 수 있는 낱낱의 말.
　예) ○○ 퍼즐을 풀면 어휘력이 늘어요. 비) 단어 영) word

3 말과 글로 표현할 때 완결된 내용을 나타내는 최소 단위.
　예) 세 개의 낱말로 간단한 ○○을 만들어 보세요. 영) sentence 漢) 文章

5 왜 그러냐 하면.
　예) 고양이 따위는 무섭지 않아. ○○○○ 난 용감한 슈퍼쥐니까. 영) because

세로 낱말 풀이

2 거짓이 없는 진실한 말.
　예) 네 마음을 몰라줘서 ○○ 미안해. 비) 참말 반) 거짓말 영) really

4 추위를 막기 위해 손에 끼는 물건.
　예) 손이 시리다고 하지 말고 ○○을 끼렴. 영) glove 漢) 掌匣

6 국수를 증기로 익히고 기름에 튀겨서 말린 즉석식품.
　예) 엄마 몰래 먹는 ○○이 최고 맛있어요. 영) ramen

교과 연계 • 국어1-1 ❹: 186쪽, 258쪽, 280쪽, 322쪽, 330쪽 • 국어활동1-1: 114쪽

🦝 고사성어 탐구

계륵 鷄肋

살은 없으나 버리기에는 아까운 닭의 갈비뼈처럼 크게 쓸 것은 못 되지만 버리기 아까운 경우를 말함.
(출전: <후한서>의 양수전)

국어·수학

가로 낱말 풀이

1 짐승이나 물고기 따위를 세는 단위.
   예 땅강아지 한 ○○가 땅속으로 들어갔어.

3 수, 양, 공간 등의 개념을 다루는 학문.
   예 ○○ 시간에 10씩 묶어 세는 방법을 배웠어요. 영 math 漢 數學

5 나이가 많거나 지위가 높은 어른.
   예 '안녕'은 친구를 만났을 때, '안녕하세요'는 ○○○을 만났을 때 하는 인사말이에요.
   비 윗분 영 senior

세로 낱말 풀이

2 한 문장이 끝났음을 나타낼 때 찍는 부호.
   예 쉼표(,)는 부르거나 대답하는 말 뒤에, ○○○(.)는 설명하는 문장 끝에 써요. 영 period

4 학습에 필요한 물품.
   예 연필과 지우개, 색종이와 색연필은 1학년이 자주 쓰는 ○○○이에요. 영 school supplies 漢 學用品

6 우리나라 언어. 한국어.
   예 우리 반은 ○○ 시간이 되면 늘 받아쓰기를 해요. 비 우리말 영 Korean language 漢 國語

교과 연계 • 국어1-1 ㉯: 259쪽, 269쪽, 290쪽 • 수학1-1: 6쪽, 31쪽 • 수학익힘1-1: 65쪽

🐾 고사성어 탐구

군계일학 群鷄一鶴

'닭 무리 속에 있는 한 마리의 학'이란 뜻으로, 많은 사람들 중 단연 눈에 띄는 한 사람을 가리킴.
(출전: <진서>의 혜소전)

STEP 1

덧셈·뺄셈

낱말 풀이

1 몇 개의 수나 식 따위를 더하는 셈.
  예 딸기는 모두 몇 개인지 ○○을 해 봅시다. 비 더하기 영 addition

2 '열'의 세 배가 되는 수.
  예 이십은 스물, 삼십은 ○○, 사십은 마흔, 오십은 '쉰'이라고 해요. 영 thirty

3 무게의 정도가 크다.
  예 책가방은 필통보다 더 ○○○. 반 가볍다 영 heavy

4 몇 개의 수나 식 따위를 빼는 셈.
  예 참외가 몇 개 남았는지 ○○을 해 봅시다. 비 빼기 영 subtraction

5 정해 놓은 차례.
  예 첫째, 둘째, 셋째, 넷째…… 먼저 온 ○○대로 앉으세요. 영 order 漢 順序

6 수효나 분량이 기준에 미치지 못하다.
  예 양은 [많다↔○○]로 비교하고, 크기는 [크다↔작다]로 비교해요. 반 많다 영 little

교과 연계 • 수학1-1: 66쪽, 72쪽, 102쪽, 122쪽 • 수학익힘1-1: 10쪽

📝 공부한 날   월   일

★ 정답을 찾아 묶어 보세요!

성	현	은	규	적
둘	오	드	영	다
덧	셈	순	서	틴
고	동	택	론	이
러	이	리	스	뺄
무	겁	다	미	셈

▶ 정답 23쪽

🐱 속담 읽기

구슬이 서 말이라도 꿰어야 보배

아무리 좋은 것이라 해도 정성을 쏟아서 쓸모 있는 것으로 만들어 놓아야 가치가 있다는 뜻이에요.
비슷한 속담: 진주가 열 그릇이나 꿰어야 구슬

STEP 1

 **수수께끼** 잘못했을 때 먹는 과일은?

정답은   입니다.

속담 퀴즈 ○○ 겉 핥기

○○의 맛있는 속을 먹지 않고 딱딱한 겉만 핥고 있다는 뜻으로, 내용은 모르고 겉만 건드리는 일을 빗대어 이르는 말.

정답은   입니다.

교과 연계 • 국어1-1 ㉮: 131쪽 • 국어1-1 ㉯: 188쪽, 308쪽

 **'떡볶기'일까요, '떡볶이'일까요?**

정답은  입니다.

정답

- 낱말·문장

- 국어·수학

- 덧셈·뺄셈

- 수수께끼 정답 사과
- 속담 퀴즈 정답 수박
- 맞춤법 퀴즈 정답 떡볶이

| 앞에서 익힌 낱말을 떠올려 봐!

어휘력 문해력 쑥쑥!

1. 한글 자음자 'ㄱ'의 이름. ☐☐

2. 한글 홀소리. ☐☐

3. 써 놓은 글자의 모양. ☐☐

4. 여러 갈래로 어지럽게 갈라져 헷갈리기 쉬운 길. ☐☐

5. 공기 중의 물방울이 햇빛을 받아 나타나는 일곱 빛깔의 띠. ☐☐☐

6. 식물의 줄기나 동물의 몸에 바늘처럼 뾰족하게 돋아난 것. ☐☐

7. 집을 떠나 가까운 곳에 잠시 다녀오는 일. ☐☐☐

8. 손을 내밀어 그 모양에 따라 순서를 정하는 방법. ☐☐☐☐☐

9. 학교에서 교육 과정에 따라 사용하는 책. ☐☐☐

10. 뾰족한 주둥이와 삽 모양의 다리로 땅을 잘 파는 동물. ☐☐☐

 정답 1.기역 2.모음 3.글씨 4.미로 5.무지개 6.가시 7.나들이 8.가위바위보 9.교과서 10.두더지

도전! 낱말퀴즈

11 분리해서 자립적으로 쓸 수 있는 낱낱의 말.

12 말과 글로 표현할 때 완결된 내용을 나타내는 최소 단위.

13 왜 그러냐 하면.

14 나이가 많거나 지위가 높은 어른.

15 한 문장이 끝났음을 나타낼 때 찍는 부호.

16 우리나라 언어. 한국어.

17 '열'의 세 배가 되는 수.

18 몇 개의 수나 식 따위를 빼는 셈.

19 정해 놓은 차례.

20 가래떡을 적당한 크기로 잘라 어묵과 채소를 넣고 양념을 하여 볶은 음식.

정답 11.낱말 12.문장 13.왜냐하면 14.웃어른 15.마침표 16.국어 17.서른 18.뺄셈 19.순서 20.떡볶이

25

STEP 1

쌍받침·겹받침

가로 낱말 풀이

1 하루에 경험한 일 중에서 기억에 남는 일을 골라 글과 그림으로 나타낸 일기.
   예 누나는 일기를 쓰고, 1학년인 나는 ○○○○를 써요. 영 picture diary

3 소리를 냄.
   예 모음 'ㅐ'와 'ㅔ'를 정확히 구별해서 ○○하기는 어려워요. 비 소리내기 영 pronunciation 漢 發音

5 같은 자음자가 겹쳐서 된 받침.
   예 '값'의 'ㅂㅅ'은 겹받침, '낚시'의 'ㄲ'은 ○○○이에요.

세로 낱말 풀이

2 마음에 저절로 느껴지는 유쾌함이나 불쾌함 등의 감정.
   예 '신나요, 화나요, 속상해요, 기뻐요'는 ○○을 나타내는 말이에요. 영 feeling 漢 氣分

4 아직까지 없던 기술이나 물건을 새로 생각해 만들어 냄.
   예 신대륙은 발견한 것이고, 전구는 ○○한 것이에요. 영 invention 漢 發明

6 서로 다른 두 개의 자음자로 이루어진 받침.
   예 '닭'과 '흙'의 'ㄹㄱ'을 ○○○이라고 해요.

교과 연계 • 국어1-2 ㉮: 6쪽, 39쪽, 44쪽, 80쪽 • 국어1-2 ㉯: 182쪽

고사성어 탐구

기우 杞憂

쓸데없는 걱정이나 지나친 걱정을 이르는 말. (출전: <열자>의 천서 편)

STEP 1

만화·영화

가로 낱말 풀이

1 꿩의 어린 새끼.
　예) 새끼 고등어는 고도리, 새끼 갈치는 풀치, 새끼 꿩은 ○○○라고 해요. 비) 꿩병아리

4 겉장에 쓴 책의 이름.
　예) 내가 가장 좋아하는 동화책의 ○○은 뭐게? 힌트는 코가 길어져. 영) title 漢) 題目

5 이야기를 그림으로 그려서 나타낸 것.
　예) 짱구와 자두는 인기 있는 ○○ 캐릭터 주인공이에요. 비) 만필화 영) comic 漢) 漫畫

세로 낱말 풀이

2 닭의 어린 새끼.
　예) 새끼 소는 송아지, 새끼 말은 망아지, 새끼 닭은 ○○○라고 해요. 영) chick

3 형과 아우를 아울러 이르는 말.
　예) 혼자인 외동은 ○○자매가 있는 친구를 부러워해요. 영) brother 漢) 兄弟

6 어떤 내용을 촬영한 필름을 연속적으로 스크린에 비추어 영상과 음향을 통해 보여 주는 영상물.
　예) 내가 가장 좋아하는 ○○는 '도레미송'으로 유명한 '사운드 오브 뮤직'이야. 영) movie 漢) 映畫

Q 교과 연계 • 국어1-2㉮: 12쪽, 112쪽, 129쪽 • 국어1-2㉯: 148쪽

🐱 고사성어 탐구

낭중지추 囊中之錐

뛰어난 인재는 주머니 속에 든 송곳처럼 숨어 있어도 저절로 알려진다는 뜻.
(출전: <사기>의 평원군우경열전)

STEP 1

연극·흉내

낱말 풀이

1 머리카락을 양쪽으로 갈랐을 때 생기는 금.
   예) ○○○는 '가르다'에서 온 말이기 때문에 '가리마'로 쓰면 안 돼요. 영) part

2 배우가 어떤 사건이나 인물을 말과 동작으로 관객에게 보여 주는 무대 예술.
   예) 우리 반은 학예 발표회에서 흥부와 놀부 ○○을 하기로 했어요. 영) theatre 漢) 演劇

3 남이 하는 말이나 행동을 그대로 본떠 하는 짓.
   예) ○○ 내는 말에는 사물의 소리를 흉내 낸 의성어와 사물의 모양이나 움직임을 흉내 낸 의태어가 있어요. 비) 모방 영) imitation

4 어떤 말과 행동을 자주 하는 사람을 비유적으로 이르는 말.
   예) 우리 엄마는 초강력 울트라 잔소리 ○○○이야.

5 연꽃을 심은 못.
   예) 개구리가 ○○에 풍덩 뛰어들었어요. 비) 못 영) pond

6 여러 형제자매 중에서 맨 나중에 태어난 사람.
   예) 할아버지는 딸 부잣집의 ○○로 엄청 귀염받으며 자랐대요. 비) 막둥이 반) 맏이 영) youngest

교과 연계 • 국어1-2㉮: 129쪽 • 국어1-2㉯: 201쪽, 208쪽, 226쪽 • 국어활동1-2: 8쪽, 95쪽

✏️ 공부한 날   월   일

★ 정답을 찾아 묶어 보세요!

번	황	더	러	막
스	가	펠	흉	내
이	강	르	위	브
대	양	포	마	연
마	연	극	나	못
왕	테	치	제	고

▶ 정답 33쪽

🐱 속담 읽기

꼬리가 길면 밟힌다

나쁜 일을 오랫동안 계속하면 끝내 들키고 만다는 뜻이에요. 그러니 나쁜 일은 아무리 큰 소득이 있더라도 빨리 그만두는 게 좋아요. 비슷한 속담: 고삐가 길면 밟힌다

STEP 1

 수수께끼 위로 먹고 옆으로 내놓는 것은?

* 곡식을 갈아 가루를 만드는 데 쓰는, 아래위 두 짝으로 된 둥글넓적한 돌.

정답은   입니다.

속담 퀴즈 세 살 ○○ 여든까지 간다

3살 → 80살

어릴 때 몸에 밴 ○○은 쉽게 고쳐지지 않는다는 뜻으로, 어려서부터 나쁜 ○○이 들지 않도록 잘 가르쳐야 함을 빗대어 이르는 말.

정답은   입니다.

교과 연계 • 국어1-2 ㉮: 25쪽, 118쪽 • 국어1-2 ㉯: 227쪽

 **맞춤법 퀴즈** '쌍동이'일까요, '쌍둥이'일까요?

정답은  입니다.

정답

- 쌍받침·
  겹받침

	1 그	림	일	2 기	
				분	
3·4	발	음			6 겹
	명				받
			5 쌍	받	침

- 만화·영화

		1 꺼	2 병	이	
			아		
			리		
	3 형				6 영
4 제	목			5 만	화

- 연극·흉내

- 수수께끼 정답 **맷돌**
- 속담 퀴즈 정답 **버릇**
- 맞춤법 퀴즈 정답 **쌍둥이**

STEP 1

한글·한자

가로 낱말 풀이

1 우리나라의 글자.
　예 세종대왕이 ○○을 만들 당시에는 '훈민정음'이라고 불렀어요. 영 Korean alphabet

3 우리나라 동쪽 끝에 위치한 섬.
　예 나는 커서 ○○를 지키는 경비대원이 되고 싶어요. 영 Dokdo Island 漢 獨島

6 뜻을 이룸.
　예 발명왕 에디슨은 '실패는 ○○의 어머니'라는 명언을 남겼어요. 반 실패 영 success 漢 成功

세로 낱말 풀이

2 중국의 글자.
　예 중국의 ○○는 일반 백성들이 배우기 어려운 글자였어요. 영 Chinese character 漢 漢字

4 유감스럽게도 전혀.
　예 난 네가 ○○○ 무슨 말을 하는지 통 모르겠다. 비 도무지

5 일반 국민을 예스럽게 이르는 말.
　예 '훈민정음'은 '○○을 가르치는 바른 소리'라는 뜻이에요. 영 people 漢 百姓

Q 교과 연계　• 국어1-2 ㉮: 52쪽　• 국어1-2 ㉯: 150쪽, 151쪽, 218쪽　• 국어활동1-2: 20쪽

📝 공부한 날   월   일

▶ 정답 41쪽

🐭 고사성어 탐구

대기만성 大器晚成

'큰 그릇을 만드는 데는 시간이 오래 걸린다'는 뜻으로, 큰 인물이 되기 위해서는 많은 노력과 시간이 필요하다는 말. (출전: <노자> 41장, <삼국지> '위서'의 최염전)

STEP 1

감동·표현

가로 낱말 풀이

1 큰따옴표와 작은따옴표를 아울러 이르는 말.
  예 인물이 소리 내어 한 말은 큰〇〇〇, 마음속으로 한 말은 작은〇〇〇를 써요. 영 quotation marks

3 깊이 느껴 마음이 움직임.
  예 가슴이 터질 듯한 벅찬 〇〇을 느낀 적이 있나요? 영 emotion 漢 感動

5 실제로 해 보거나 겪어 봄.
  예 아직 〇〇이 부족해서 서툰 거니까 실망하지 마. 영 experience 漢 經驗

세로 낱말 풀이

2 생각이나 느낌을 말이나 행동으로 드러내어 나타냄.
  예 강아지는 말 대신 몸짓으로 감정을 〇〇해요. 영 expression 漢 表現

4 굵고 튼튼하게 꼰 줄.
  예 썩은 〇〇〇을 잡은 호랑이는 수수밭으로 뚝 떨어졌어요. 영 rope

6 위험을 무릅쓰고 하는 일.
  예 네게 추천해 주고 싶은 책의 제목은 '톰 소여의 〇〇'이야. 영 adventure 漢 冒險

교과 연계 • 국어1-2㉮: 36쪽, 80쪽, 110쪽, 123쪽 • 국어1-2㉯: 240쪽 • 국어활동1-2: 62쪽

✏️ 공부한 날   월   일

▶ 정답 41쪽

🐱 고사성어 탐구

두문불출 杜門不出

'문을 닫고 밖으로 나가지 않는다'는 뜻으로, 집에 틀어박혀 관직에 나아가지 않거나 사회 일을 하지 않음을 이르는 말. (출전: <국어>의 진어, <사기>의 상군열전)

홀수·짝수

낱말 풀이

1 시간을 재거나 시각을 나타내는 기계.
   예 모형 ○○로 몇 시 몇 분인지 알아보아요. 영 clock, watch 漢 時計

2 열의 일곱 배가 되는 수.
   예 고희는 '드문 나이'란 뜻으로 ○○ 살을 이르는 말이에요. 비 칠십 영 seventy

3 2로 나누었을 때 나머지가 1이 남는 수.
   예 1, 3, 5, 7, 9와 같이 둘씩 짝지을 수 없는 수를 ○○라고 해요. 반 짝수 영 odd number

4 시간 중의 어느 한 시점.
   예 지금 ○○은 4시 30분이고, 영화는 2시간 동안 상영돼요. 영 time 漢 時刻

5 열의 아홉 배가 되는 수.
   예 우리 할아버지는 ○○ 살이신데도 목소리가 쩌렁쩌렁하세요. 비 구십 영 ninety

6 2로 나누었을 때 나머지가 남지 않는 수.
   예 2, 4, 6, 8, 10과 같이 둘씩 짝지을 수 있는 수를 ○○라고 해요. 반 홀수 영 even number

교과 연계 • 수학1-2: 13쪽, 29쪽, 94쪽, 99쪽

📝 공부한 날   월   일

★ 정답을 찾아 묶어 보세요!

짝	브	크	너	모
생	수	루	홀	스
라	트	시	수	차
스	요	계	상	벨
시	각	라	빈	아
키	르	한	일	흔

▶ 정답 41쪽

속담 읽기

닭 쫓던 개 지붕 쳐다보듯

애써서 하던 일이 실패로 돌아갔을 때 쓰는 말이에요. 또는 함께 노력하고 경쟁하다가 혼자만 뒤처져서 어찌할 도리가 없어진 경우를 뜻해요. 비슷한 속담: 닭 쫓던 개 울타리 넘겨다보듯

STEP 1

 이 세상에서 제일 슬픈 별은?

* 서로 오랫동안 만나지 못하고 떨어져 있거나 헤어짐.

정답은   입니다.

 속담 퀴즈 가는 ○이 고와야 오는 ○이 곱다

내가 남에게 말이나 행동을 좋게 해야 남도 나에게 좋게 한다는 말.

정답은  입니다.

교과 연계 • 국어1-2㉮: 8쪽 • 국어1-2㉯: 254쪽 • 국어활동1-2: 95쪽

 **맞춤법 퀴즈** **'개구장이'일까요, '개구쟁이'일까요?**

정답은  입니다.

정답

· 한글·한자

1,2한	글			
자			3독	4도
				대
	5백			체
	6성	공		

· 감동·표현

		1따	옴	2표
				현
3감	4동			
	아			6모
	줄		5경	험

· 홀수·짝수

· 수수께끼 정답 이별
· 속담 퀴즈 정답 말
· 맞춤법 퀴즈 정답 개구쟁이

어휘력 문해력 쑥쑥!

1 하루에 경험한 일 중에서 기억에 남는 일을 골라 글과 그림으로 나타낸 일기. ☐☐☐☐

2 아직까지 없던 기술이나 물건을 새로 생각해 만들어 냄. ☐☐

3 마음에 저절로 느껴지는 유쾌함이나 불쾌함 등의 감정. ☐☐

4 이야기를 그림으로 그려서 나타낸 것. ☐☐

5 형과 아우를 아울러 이르는 말. ☐☐

6 어떤 내용을 촬영한 필름을 연속적으로 스크린에 비추어 영상과 음향을 통해 보여 주는 영상물. ☐☐

7 머리카락을 양쪽으로 갈랐을 때 생기는 금. ☐☐☐

8 배우가 어떤 사건이나 인물을 말과 동작으로 관객에게 보여 주는 무대 예술. ☐☐

9 우리나라의 글자. ☐☐

10 뜻을 이룸. ☐☐

정답 1.그림일기 2.발명 3.기분 4.만화 5.형제 6.영화 7.가르마 8.연극 9.한글 10.성공

도전! 낱말퀴즈

11 중국의 글자. ☐☐

12 일반 국민을 예스럽게 이르는 말. ☐☐

13 실제로 해 보거나 겪어 봄. ☐☐

14 생각이나 느낌을 말이나 행동으로 드러내어 나타냄. ☐☐

15 위험을 무릅쓰고 하는 일. ☐☐

16 열의 일곱 배가 되는 수. 칠십. ☐☐

17 시간 중의 어느 한 시점. ☐☐

18 2로 나누었을 때 나머지가 남지 않는 수. ☐☐

19 서로 오랫동안 만나지 못하고 떨어져 있거나 헤어짐. ☐☐

20 철없이 짓궂은 장난을 즐기는 아이. ☐☐☐☐

정답 11.한자 12.백성 13.경험 14.표현 15.모험 16.일흔 17.시각 18.짝수 19.이별 20.개구쟁이

똑똑! 문해력 상식 사전 1

문장 부호 바르게 쓰기

문장 부호는 글쓴이의 의도를 쉽게 전달하기 위해서 쓰는 여러 가지 부호예요.
문장을 구별해서 읽고 이해하기 쉽도록 해 주지요.

쉼표 (,)
부르는 말이나 대답하는 말 뒤에 써요.
예) 할머니,

따라 써 봐요!

마침표 (.)
설명하는 문장 끝에 써요.
예) 잘 먹을게요.

물음표 (?)
묻는 문장 끝에 써요.
예) 몇 학년이니?

느낌표 (!)
느낌을 나타내는 문장 끝에 써요.
예) 귀여운 강아지네!

큰따옴표 (" ")
대화글을 표시할 때 써요.
예) "학교 다녀왔습니다."

작은따옴표 (' ')
마음속으로 한 말을 적을 때 써요.
예) '도깨비감투를 써서 못 알아보는구나.'

2단계

2학년 교과서와 함께하는

낱말 퍼즐·낱말 게임

어휘력 쑥쑥! 문해력 탄탄!

STEP 2

말놀이·토박이말

가로 낱말 풀이

1 도로 교차 지점에 신호 없이 다닐 수 있도록 입체적으로 만든 시설.
  예) 고속도로와 일반 도로가 만나는 ○○○ 부근은 늘 차로 붐벼요. 영) interchange

3 나이나 수준이 서로 비슷한 무리.
  예) 형만 졸졸 따라다니지 말고 네 ○○랑 놀아. 영) peer

6 말을 주고받으며 하는 놀이.
  예) 재미있는 ○○○에는 끝말잇기, 말덧붙이기, 수수께끼, 다섯고개 등이 있어요. 비) 말짓기놀이
  영) word game

세로 낱말 풀이

2 자기 고장을 떠나 다른 곳으로 떠돌아다니는 사람.
  예) 은혜도 모르고 ○○○를 잡아먹으려 한 호랑이를 혼내 준 동물은? 영) traveler

4 처음부터.
  예) 장난감 망가뜨린 거 ○○대로 돌려놔. 비) 본디, 본래 영) originally 漢) 元來, 原來

5 대대로 그 땅에서 살아온 사람들이 쓰는 말.
  예) '사랑'은 한자어도 외래어도 아닌 ○○○○이야. 비) 고유어, 순우리말 영) native word

Q 교과 연계 • 국어2-1 ㉮: 46쪽, 122쪽, 142쪽 • 국어2-1 ㉯: 214쪽 • 국어활동2-1: 90쪽

★ 정답을 또박또박 써 보세요.

▶ 정답 53쪽

고사성어 탐구

등용문 登龍門

'용문에 오른다'는 뜻으로, 이름을 떨치고 출세함을 이르는 말. (출전: <후한서>의 이응전)

STEP 2

자기소개·글감

가로 낱말 풀이

1 남의 말에 덩달아 편들어 주는 일.
  예 친구가 한 말에 덩달아 ○○○ 쳐 주었어요.

3 옷을 짓는 데 쓰는 천.
  예 옛날 사람들은 ○○을 사서 직접 옷을 만들어 입었어요. 영 cloth

5 씩씩하고 굳센 기운.
  예 우리 주저하지 말고 ○○ 내서 한 번 더 도전해 보자. 영 courage 漢 勇氣

세로 낱말 풀이

2 어떤 장소에서 벌어지는 사건의 한 광경.
  예 톰 소여가 사과를 받고 페인트칠을 하게 해 주는 ○○이 제일 웃겼어요. 영 scene 漢 場面

4 글의 내용이 되는 이야깃거리.
  예 일기를 쓸 때마다 ○○이 떠오르지 않아 고민이에요. 비 글거리, 소재 영 writing material

6 자기의 이름, 잘하는 것, 좋아하는 것 등을 남에게 알리는 일.
  예 새로운 친구들 앞에서 ○○○○를 해 봐요. 영 self introduction 漢 自己紹介

Q 교과 연계 • 국어2-1 ㉮: 33쪽, 94쪽, 97쪽, 116쪽 • 국어2-1 ㉯: 182쪽 • 국어활동2-1: 68쪽

✏️ 공부한 날   월   일

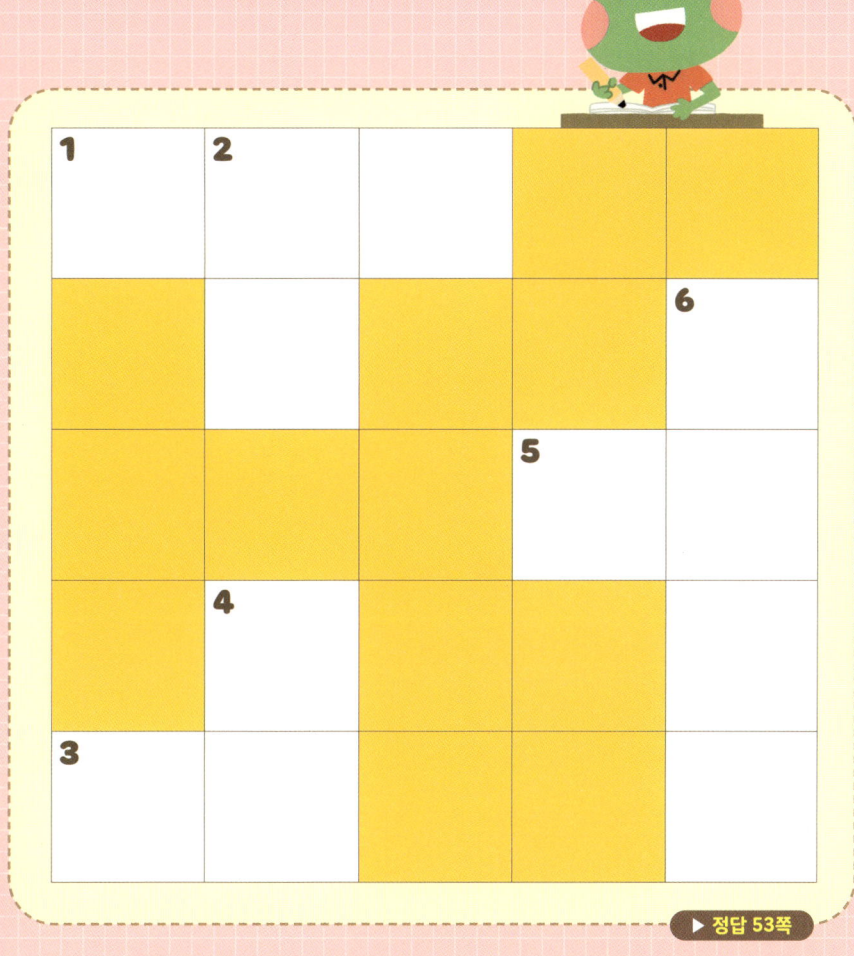

▶ 정답 53쪽

🐱 고사성어 탐구

마이동풍 馬耳東風

말의 귀에 동풍이 불어도 아랑곳하지 않는 것처럼 남의 말을 귀담아듣지 않고 흘려 버린다는 뜻.
(출전: 이백의 <답왕십이한야독작유회>)

STEP 2

분위기·낭송

낱말 풀이

1 서로 마주하여 이야기를 주고받음.
   예) 친구들과 ○○할 때는 말차례를 지켜야 해요. 영) conversation 漢) 對話

2 어떤 작품의 바탕에 깔려 있는 느낌이나 기운.
   예) 동화를 실감나게 읽는 것보다 동시의 ○○○를 살려 낭송하는 게 더 어려워. 영) mood 漢) 雰圍氣

3 분위기를 생각하며 시를 소리 내어 읽는 것.
   예) 좋아하는 시를 친구들 앞에서 ○○해 보세요. 영) recitation 漢) 朗誦

4 단체를 대신해 어떤 일을 맡은 사람. 전체의 상태를 하나로 잘 나타내는 것.
   예) 사자는 영국, 호랑이는 대한민국을 ○○하는 동물이에요. 영) representation 漢) 代表

5 갑자기 세차게 쏟아지다가 곧 그치는 비.
   예) 우산 챙기세요, 갑작스러운 ○○○를 만날 수 있어요. 비) 소낙비 영) shower

6 땀이나 물방울이 잘게 많이 맺힌 모양.
   예) 진초록 풀잎에 ○○○○ 맺혀 있는 이슬이 싱그러워요.

교과 연계 • 국어2-1 ㉮: 10쪽, 86쪽, 128쪽, 138쪽 • 국어2-1 ㉯: 202쪽 • 국어활동2-1: 66쪽

📝 공부한 날   월   일

★ 정답을 찾아 묶어 보세요!

▶ 정답 53쪽

🐱 속담 읽기

돌다리도 두들겨 보고 건너라

아무리 확실하고 틀림없는 일이라도 조심해서 하라는 말이에요. 어떤 일을 할 때 두 번, 세 번 확인하고 신중하게 하면 실수할 일이 없지요. 비슷한 속담: 아는 길도 물어 가랬다

STEP 2

☀ 수수께끼

구리는 구리인데 날아다니는 구리는?

*날카롭고 단단한 부리로 나무에 구멍을 내어 그 속에 있는 벌레를 잡아먹는 새.

정답은    입니다.

☀ 속담 퀴즈

○○○에 옷 젖는 줄 모른다

가늘게 내리는 비는 조금씩 젖어들기 때문에 옷이 젖는 줄 깨닫지 못한다는 뜻으로, 아무리 사소한 것이라도 자꾸 반복되면 무시하지 못할 정도로 크게 된다는 말.

정답은    입니다.

Q 교과 연계 • 국어2-1 가: 44쪽, 92쪽 • 국어활동2-1: 87쪽

 달걀 '껍질'일까요, '껍데기'일까요?

＊껍질: 바나나, 귤처럼 물체의 겉을 감싸고 있는 질긴 물질.
＊껍데기: 새우, 조개처럼 물체의 겉을 감싸고 있는 단단한 물질.

정답은    입니다.

정답

- 말놀이·토박이말

		1·2 나	들	목
5 토		그		
박		네		4 원
이			3 또	래
6 말	놀	이		

- 자기소개·글감

1 맞	2 장	구		
	면			6 자
			5 용	기
		4 글		소
3 옷	감			개

- 분위기·낭송

- 수수께끼 정답 딱따구리
- 속담 퀴즈 정답 가랑비
- 맞춤법 퀴즈 정답 껍데기

STEP 2

맞춤법·사전

가로 낱말 풀이

1 딱하고 불쌍하다.
예 '가장자리가 없다'에서 온 말로, ○○○는 [가엽따]로 소리내 읽어요. 비 가엽다 영 pity

4 낱말을 모아 찾기 쉽게 일정한 순서로 벌여놓고 하나하나 그 뜻을 풀이한 책.
예 뜻을 모르는 낱말은 국어○○을 찾아보면 돼요. 비 말모이 영 dictionary 漢 辭典

5 어떤 일을 하는 법.
예 어떻게 해야 할지 ○○을 잘 모르겠어. 영 way 漢 方法

세로 낱말 풀이

2 작은 규모로 물건을 파는 집.
예 철물을 파는 ○○가 없어진 지 오래됐어요. 비 가겟방 영 shop, store

3 솜 모양으로 만든 사탕.
예 하얀 구름은 ○○○처럼 입에서 살살 녹는 맛일 거예요. 영 cotton candy

6 글자를 일정한 규칙에 맞도록 쓰는 방법.
예 '안 되'와 '안 돼'는 자주 헷갈리는 ○○○ 중 하나예요. 비 철자법 영 orthography

Q 교과 연계 • 국어2-1 ㉠: 140쪽 • 국어2-1 ㉡: 169쪽, 178쪽, 278쪽 • 국어활동2-1: 6쪽, 75쪽

🐱 고사성어 탐구

모순 矛盾

'창과 방패'라는 뜻으로, 말이나 행동의 앞뒤가 맞지 않을 때 쓰는 말. (출전: <한비자>의 난일 난세 편)

STEP 2

작품·감상

가로 낱말 풀이

1 낮 12시(정오)부터 밤 12시(자정)까지의 시간.
예 오늘 ○○ 다섯 시에 놀이터에서 만나. 반 오전 영 afternoon 漢 午後

3 예술 창작으로 얻어진 결과물.
예 다른 사람의 ○○을 베끼는 건 저작권 침해예요. 영 work 漢 作品

6 예술 작품을 이해하고 즐기는 일.
예 내 취미는 만화 영화 ○○이야. 영 appreciation 漢 鑑賞

세로 낱말 풀이

2 오라비와 누이를 아울러 이르는 말.
예 전래 동화 '해와 달이 된 ○○○'는 줄여서 '해님 달님'이라고도 해요. 비 남매 영 brother and sister

4 남의 일을 해 주고 받는 돈.
예 과수원에서 일을 해 주고 ○○으로 쌀을 받아 왔어요. 비 품값 영 wage

5 아이들이 가지고 노는 여러 가지 물건.
예 네가 지금 동생 ○○○ 가지고 놀 나이니? 비 완구 영 toy

교과 연계 • 국어2-1 ㉮: 140쪽 • 국어2-1 ㉯: 162쪽, 264쪽 • 국어활동2-1: 75쪽, 104쪽

고사성어 탐구

미봉책 彌縫策

터진 옷을 임시로 꿰매는 것처럼 문제를 근본적으로 해결하지 않고 눈가림만 하는 일시적인 방법.
(출전: <춘추좌씨전>의 환공 5년조)

STEP 2

도형·단위

낱말 풀이

1 각 면에 하나에서 여섯까지의 점을 새긴 정육면체의 놀이 도구.
　　예 ○○○를 던져 나온 수만큼 과자를 먹는 건 어때? 영 dice

2 기본이 되는 표준.
　　예 생물과 무생물을 나누는 ○○은 무엇인가요? 영 standard 漢 基準

3 점, 선, 면으로 이루어진 꼴.
　　예 삼각형, 사각형, 원 등을 ○○이라고 해요. 영 figure 漢 圖形

4 길이, 넓이, 무게 등을 수치로 나타낼 때 기본이 되는 기준.
　　예 센티미터는 길이의 ○○이고, 킬로그램은 무게의 ○○예요. 영 unit 漢 單位

5 곱셈을 함.
　　예 7 ○○○ 4는 28이다. 영 times

6 세 개의 선분으로 둘러싸인 평면 도형.
　　예 트라이앵글은 ○○○ 모양이에요. 영 triangle 漢 三角形

교과 연계 · 수학2-1: 32쪽, 36쪽, 96쪽, 121쪽, 148쪽, 149쪽

✏️ 공부한 날   월   일

★ 정답을 찾아 묶어 보세요!

구	메	발	도	렌
펠	삼	각	형	트
단	위	노	벨	기
틴	지	주	토	준
피	레	스	사	우
곱	하	기	파	위

▶ 정답 61쪽

속담 읽기

똥 묻은 개가 겨 묻은 개 나무란다

자기 자신에게는 더 큰 흉이 있으면서 남의 작은 허물을 들추어 흉본다는 말이에요. 늘 자기 자신을 먼저 돌아보는 습관을 가져야 해요. 비슷한 속담: 뒷간 기둥이 물방앗간 기둥을 더럽다 한다

STEP 2

☀ 수수께끼

도둑이 몰래 훔친 돈은?

＊남이 알아차리지 못하게 슬며시.

정답은  입니다.

☀ 속담 퀴즈   마파람에 ○ 눈 감추듯

음식을 매우 빨리 먹어 버리는 모습을 비유적으로 이르는 말로, 마파람이 불면 게들이 구멍 밖으로 내밀고 있던 눈을 재빨리 감추는 모습에서 생겨남.

정답은  입니다.

Q 교과 연계 • 국어2-1 ㉮: 123쪽, 128쪽   • 국어2-1 ㉯: 168쪽

 **맞춤법 퀴즈** 편지를 '**부치다**'일까요, '**붙이다**'일까요?

* 부치다: 어떤 물건을 상대에게 보내다. 예) 택배를 부치다.
* 붙이다: 맞닿아 떨어지지 않게 하다. 예) 편지봉투에 우표를 붙이다.

정답은    입니다.

🔍 정답

- 맞춤법·사전

		1·2 가	엾	다
		게		
3 솜				6 맞
4 사	전			춤
탕		5 방	법	

- 작품·감상

1·2 오	후		3 작	4 품
누				삯
이		5 장		
		난		
		6 감	상	

- 도형·단위

- 수수께끼 정답 슬그머니
- 속담 퀴즈 정답 게
- 맞춤법 퀴즈 정답 부치다

어휘력 문해력 쑥쑥!

앞에서 익힌 낱말을 떠올려 봐!

1. 나이나 수준이 서로 비슷한 무리. ☐☐

2. 자기 고장을 떠나 다른 곳으로 떠돌아다니는 사람. ☐☐☐

3. 말을 주고받으며 하는 놀이. ☐☐☐

4. 대대로 그 땅에서 살아온 사람들이 쓰는 말. ☐☐☐☐

5. 남의 말에 덩달아 편들어 주는 일. ☐☐☐

6. 씩씩하고 굳센 기운. ☐☐

7. 글의 내용이 되는 이야깃거리. ☐☐

8. 자기의 이름, 잘하는 것, 좋아하는 것 등을 남에게 알리는 일. ☐☐☐☐

9. 서로 마주하여 이야기를 주고받음. ☐☐

10. 분위기를 생각하며 시를 소리 내어 읽는 것. ☐☐

정답 1.또래 2.나그네 3.말놀이 4.토박이말 5.맞장구 6.용기 7.글감 8.자기소개 9.대화 10.낭송

도전! 낱말퀴즈

11 갑자기 세차게 쏟아지다가 곧 그치는 비.

12 낱말을 모아 찾기 쉽게 일정한 순서로 벌여놓고 하나하나 그 뜻을 풀이한 책.

13 글자를 일정한 규칙에 맞도록 쓰는 방법.

14 낮 12시(정오)부터 밤 12시(자정)까지의 시간.

15 오라비와 누이를 아울러 이르는 말.

16 남의 일을 해 주고 받는 돈.

17 각 면에 하나에서 여섯까지의 점을 새긴 정육면체의 놀이 도구.

18 점, 선, 면으로 이루어진 꼴.

19 길이, 넓이, 무게 등을 수치로 나타낼 때 기본이 되는 기준.

20 세 개의 선분으로 둘러싸인 평면 도형.

정답 11.소나기 12.사전 13.맞춤법 14.오후 15.오누이 16.품삯 17.주사위 18.도형 19.단위 20.삼각형

STEP 2

존중·공감

가로 낱말 풀이

1 남의 의견에 대하여 자기도 그렇다고 느낌.
  예 친구가 슬플 때 나도 슬픈 감정을 느끼는 것, 그게 바로 ○○이야. 비 동감 영 empathy 漢 共感

3 한 가지 일에 온 힘을 쏟아부음.
  예 딴 생각하지 말고 공부에 ○○하라는 말을 많이 들어요. 영 concentration 漢 集中

5 대상을 낮추어 부르는 상스럽고 천한 말.
  예 방정환 선생님은 '이놈, 저놈, 애녀석'이라는 ○○○ 대신 '어린이'라는 말을 처음 사용하고, 어린이날을 만들었어요. 영 slang 漢 卑俗語

세로 낱말 풀이

2 공공의 이익.
  예 어린이 교통사고 예방을 위한 ○○ 광고 영상을 만들었어요. 반 사익 영 public benefit 漢 公益

4 높이 받들고 귀중하게 여김.
  예 나와 생각이 다른 친구의 말도 ○○해야 서로 기분 상하지 않아요. 반 무시 영 respect 漢 尊重

6 한 나라의 표준이 되는 말.
  예 대부분 그 나라의 수도에서 쓰는 말을 ○○○로 삼아요. 비 표준말 반 사투리, 방언
  영 standard language 漢 標準語

Q 교과 연계 • 국어2-2 가: 46쪽, 47쪽, 62쪽 • 국어2-2 나: 146쪽, 170쪽 • 국어활동2-2: 34쪽

고사성어 탐구

배수진 背水陣

강이나 바다 같은 물을 등지고 치는 진. 어떤 일에 죽을 각오를 하고 나서는 것을 말함.
(출전: <사기>의 회음후열전)

STEP 2

편지·대본

가로 낱말 풀이

1 글쓴이가 말하고자 하는 중심 생각.
  예 '토끼의 재판'은 권선징악을 ○○로 하는 대표적인 전래 동화예요. 영 theme 漢 主題

4 땅과 하늘이 서로 맞닿아 경계를 이루는 선.
  예 해가 뜰 때보다 ○○○ 너머로 질 때가 더 아름다워요. 비 스카이라인 영 horizon 漢 地平線

6 연극이나 영화의 기본이 되는 각본.
  예 작가는 ○○을 쓰고, 배우는 연기를 하고, 감독은 연출을 해요. 비 극본 영 script 漢 臺本

세로 낱말 풀이

2 한 주일의 끝 무렵.
  예 주로 토요일과 일요일을 ○○이라고 해요. 반 주초 영 weekend 漢 週末

3 소식을 전하기 위해 보내는 글.
  예 문자 대신 손글씨로 ○○를 써서 보내 드리는 건 어때? 비 서신, 서찰 영 letter 漢 便紙

5 완전히 반대되는 일.
  예 나와 동생은 성격이 ○○○라 잘 다퉈요. 영 exact opposite 漢 正反對

Q 교과 연계 ・국어2-2 ㉮: 92쪽, 124쪽 ・국어2-2 ㉯: 152쪽, 217쪽 ・국어활동2-2: 21쪽, 70쪽

✏️ 공부한 날   월   일

▶ 정답 71쪽

🐱 고사성어 탐구

백문불여일견 百聞不如一見

'백 번 듣는 것이 한 번 보는 것만 못하다'는 뜻으로, 무엇이든 직접 경험해 봐야 확실히 알 수 있다는 말.
(출전: <한서>의 조충국전)

STEP 2

다르다·틀리다

낱말 풀이

1 종류에 따라서 가름.
　예) 플라스틱 제품을 재활용할 수 있도록 ○○해서 버려요. 영) classification 漢) 分類

2 노랫말을 지음.
　예) 우리나라 국가인 애국가는 누가 ○○했을까요? 영) write lyrics 漢) 作詞

3 서로 같지 않다.
　예) 의견이 같지 않을 때 '난 너와 생각이 ○○○'라고 해야 해요. 반) 같다 영) different

4 여러 사람을 높여 부르는 말.
　예) 어린이 ○○○, 만나서 반가워요! 영) everyone

5 노랫말에 가락을 붙이는 일.
　예) '푸른 하늘 은하수'로 시작하는 동요 '반달'을 ○○한 분은 윤극영이에요. 영) composition 漢) 作曲

6 맞지 않고 어긋나다.
　예) 답이 맞지 않을 때 '3번 문제의 답이 ○○○'라고 해야 해요. 반) 맞다 영) wrong

교과 연계 • 국어2-2 ㉮: 85쪽 • 국어2-2 ㉯: 145쪽, 239쪽 • 수학2-2: 111쪽

★ 정답을 찾아 묶어 보세요!

심	고	작	사	어
조	두	곡	할	씨
아	여	쿠	망	청
스	러	다	분	류
틱	분	치	르	날
틀	리	다	이	다

▶ 정답 71쪽

속담 읽기

말 한 마디에 천 냥 빚도 갚는다

말솜씨가 좋으면 큰 빚도 갚을 수 있을 만큼 세상살이에서 말이 중요하다는 뜻이에요. 중요한 만큼 더욱 조심해서 말해야겠지요? 비슷한 속담: 말 한 마디에 천금이 오르내린다

STEP 2

 수수께끼

추운 겨울에 많이 찾는 끈은?

＊매우 따뜻하고 더운 느낌.

정답은 ☐☐☐☐ 입니다.

속담 퀴즈 책망은 몰래 하고 ○○은 알게 하랬다

잘못을 꾸짖을 때는 다른 사람이 없는 데서 하고, ○○할 때는 다른 사람이 있는 데서 해 자신감을 심어 주라는 말.

정답은   입니다.

교과 연계 • 국어2-2 가: 52쪽 • 국어2-2 나: 236쪽 • 국어활동2-2: 50쪽

 **맞춤법 퀴즈** '발자국'일까요, '발자욱'일까요?

정답은  입니다.

정답

- 존중·공감

		¹·²공	감	
			익	
	⁴존			⁶표
³집	중			준
		⁵비	속	어

- 편지·대본

¹·²주	제		⁵정	
말			반	
			⁶대	본
³편				
⁴지	평	선		

- 다르다 / 틀리다

- 수수께끼 정답 **따끈따끈**
- 속담 퀴즈 정답 **칭찬**
- 맞춤법 퀴즈 정답 **발자국**

STEP 2

광고·매체

가로 낱말 풀이

1 남에게 지켜야 할 마음가짐이나 몸가짐.
예 공연장에서 떠드는 것은 ○○○을 전혀 모르는 행동이에요. 비 예의 영 etiquette

3 글이나 말로 세상에 널리 알리는 일.
예 실제보다 지나치게 부풀려 소개하는 과대 ○○를 조심해야 해요. 영 advertising 漢 廣告

5 사람의 마음을 사로잡아 끄는 힘.
예 누구에게나 자신만의 한 가지 ○○이 있답니다. 어디 숨었나 찾아보세요! 영 charm 漢 魅力

세로 낱말 풀이

2 길이의 단위. 기호는 cm.
예 1미터는 100○○○○와 같아요. 비 센티 영 centimeter

4 가로, 세로, 대각선의 줄을 가장 먼저 연결하면 이기는 게임.
예 제일 먼저 ○○를 외칠 때 기분이 짜릿해요. 영 bingo

6 생각이나 정보를 전달하거나 소통하는 도구.
예 책, 신문, 텔레비전, 인터넷, 휴대전화 모두 ○○에 속해요. 비 미디어 영 media 漢 媒體

Q 교과 연계 ・국어2-2 나: 166쪽, 170쪽, 202쪽 ・국어활동2-2: 41쪽 ・수학2-2: 6쪽, 61쪽

🐱 고사성어 탐구

백미 白眉

여럿 가운데 가장 뛰어난 사람이나 물건을 가리킬 때 쓰는 말. (출전: <삼국지> '촉서'의 마량전)

STEP 2

작가·창작

가로 낱말 풀이

2 문학이나 예술 작품을 창작하는 사람.
예 시나 소설을 잘 쓰는 ○○가 되려면 늘 책을 가까이해야 해요. 비 문예가 영 writer 漢 作家

4 '은하수'의 제주도 사투리.
예 용을 뜻하는 '미르'와 개울을 뜻하는 '내'가 합쳐져 만들어진 ○○○를 아시나요? 영 milky way

5 말을 하는 버릇.
예 어른한테 건방지게 ○○가 그게 뭐야! 비 어투, 어조 영 tone

세로 낱말 풀이

1 예술 작품을 독창적으로 지어냄. 또는 그 작품.
예 남의 작품을 베끼는 건 ○○이 아니고 표절이에요. 영 creation 漢 創作

3 일의 끝맺음.
예 일을 시작했으면 끝까지 ○○○는 해야지. 영 finish

6 어느 한 지방에서만 쓰는 표준어가 아닌 말.
예 '혼저옵서예'는 '어서 오세요'를 뜻하는 제주도 ○○○예요. 비 방언 반 표준어 영 dialect

Q 교과 연계 • 국어2-2 ㉮: 62쪽 • 국어2-2 ㉯: 228쪽, 262쪽, 264쪽 • 국어활동2-2: 34쪽

📝 공부한 날   월   일

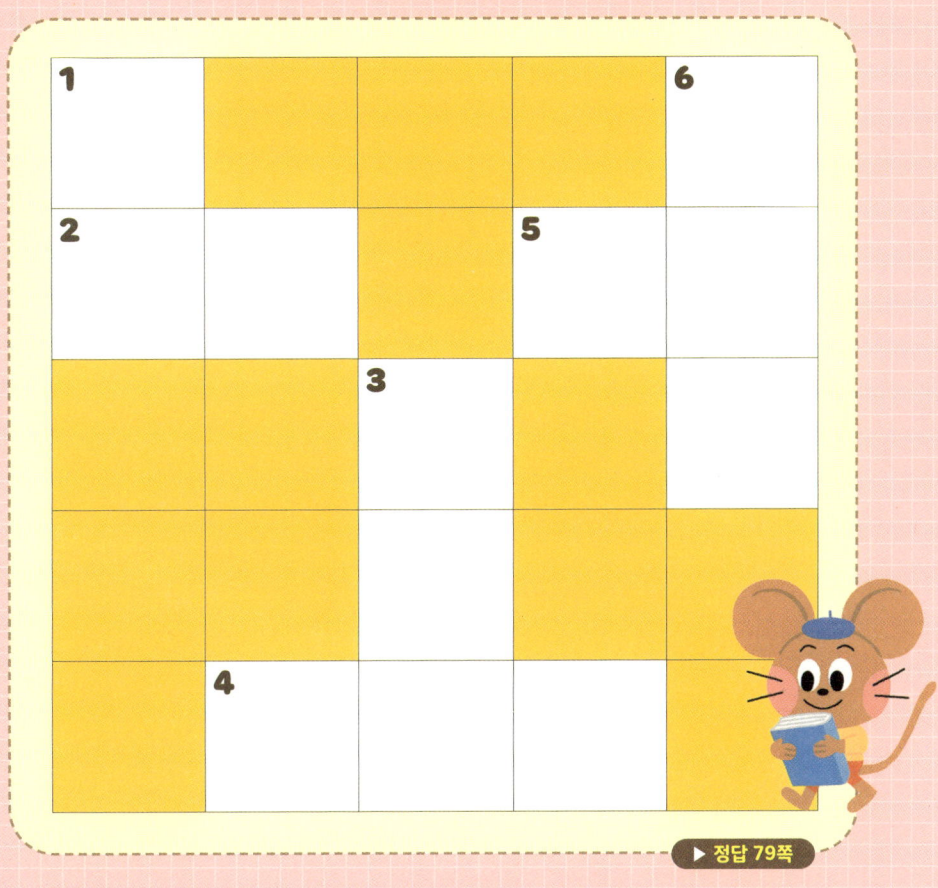

▶ 정답 79쪽

🐱 **고사성어 탐구**

사면초가 四面楚歌

'사방에서 초나라의 노래가 들린다'는 뜻으로, 적들에게 둘러싸인 다급한 상황을 가리킴.
(출전: <사기>의 항우본기)

STEP 2

구구단·그래프

낱말 풀이

1 주어진 자료의 결과를 한눈에 볼 수 있도록 나타낸 그림.
　예 반 학생들이 좋아하는 간식을 ○○○로 나타내 보세요. 영 graph

2 일에 쓰는 여러 가지 연장.
　예 빗자루는 쓰레기를 쓸어 모으는 청소 ○○야. 영 tool 漢 道具

3 행동이 느린 사람을 놀림조로 이르는 말.
　예 ○○○ 거북아, 넌 너무 느려서 답답해. 비 늘보 영 dawdler

4 한 사람이 술래가 되어 숨은 사람들을 찾아내는 놀이.
　예 ○○○○에서 내가 술래가 되었어. 비 숨바꼭질 영 hide and seek

5 1에서 9까지의 수를 서로 곱한 곱셈표.
　예 ○○○에서 5단이 가장 쉽고, 7단이 가장 어려워요. 비 구구법 영 multiplication table 漢 九九段

6 대강 짐작하여 알아보는 셈.
　예 바게트 빵은 세 뼘쯤 되니까 ○○잡아 30센티미터 정도 될 것 같아.

Q 교과 연계　• 국어2-2 ㉮: 41쪽, 60쪽, 78쪽　• 수학2-2: 47쪽, 70쪽, 102쪽

📝 공부한 날   월   일

★ 정답을 찾아 묶어 보세요!

▶ 정답 79쪽

속담 읽기

바늘 가는 데 실 간다

바늘과 실이 항상 함께 사용되는 것처럼 서로 밀접한 관계가 있는 것끼리 늘 함께 있어야 함을 이르는 말이에요. 비슷한 속담: 바늘 가는 데 실 가고 바람 가는 데 구름 간다

 **수수께끼**

공부해서 남 주는 사람은?

* '학생을 가르치는 사람'을 높여 이르는 말.

정답은    입니다.

속담 퀴즈 ○○ 팔러 가면 비가 오고, 가루 팔러 가면 바람 분다

무슨 일을 하려고 할 때마다 뜻밖의 장애가 생겨서 일이 잘 안 되는 경우를 이르는 말.

정답은   입니다.

Q 교과 연계 ・국어2-2 가: 124쪽 ・국어2-2 나: 154쪽 ・국어활동2-2: 39쪽

 **맞춤법 퀴즈** **'왠지'**일까요, **'웬지'**일까요?

*왜 그런지 모르게, 뚜렷한 이유도 없이. '왜인지'에서 줄어든 말.

정답은   입니다.

🔍 정답

- 광고·매체

				⁴빙
	²센		³광	고
¹에	티	켓		
	미		⁵⁻⁶매	력
	터		체	

- 작가·창작

¹창				⁶사
²작	가		⁵말	투
		³마		리
		무		
	⁴미	리	내	

- 구구단·그래프

- 수수께끼 정답 **선생님**
- 속담 퀴즈 정답 **소금**
- 맞춤법 퀴즈 정답 **왠지**

앞에서 익힌 낱말을 떠올려 봐!

어휘력 문해력 쑥쑥!

1 남의 의견에 대하여 자기도 그렇다고 느낌. ☐☐

2 한 가지 일에 온 힘을 쏟아부음. ☐☐

3 대상을 낮추어 부르는 상스럽고 천한 말. ☐☐☐

4 한 나라의 표준이 되는 말. ☐☐☐

5 글쓴이가 말하고자 하는 중심 생각. ☐☐

6 연극이나 영화의 기본이 되는 각본. ☐☐

7 소식을 전하기 위해 보내는 글. ☐☐

8 노랫말을 지음. ☐☐

9 서로 같지 않다. ☐☐☐

10 남에게 지켜야 할 마음가짐이나 몸가짐. ☐☐☐

정답 1.공감 2.집중 3.비속어 4.표준어 5.주제 6.대본 7.편지 8.작사 9.다르다 10.에티켓

도전! 낱말 퀴즈

11 사람의 마음을 사로잡아 끄는 힘. ☐☐

12 길이의 단위. 기호는 cm. ☐☐☐☐

13 문학이나 예술 작품을 창작하는 사람. ☐☐

14 말을 하는 버릇. ☐☐

15 예술 작품을 독창적으로 지어냄. ☐☐

16 일의 끝맺음. ☐☐☐

17 어느 한 지방에서만 쓰는 표준어가 아닌 말. ☐☐☐

18 주어진 자료의 결과를 한눈에 볼 수 있도록 나타낸 그림. ☐☐☐

19 1에서 9까지의 수를 서로 곱한 곱셈표. ☐☐☐

20 대강 짐작하여 알아보는 셈. ☐☐

정답 11.매력 12.센티미터 13.작가 14.말투 15.창작 16.마무리 17.사투리 18.그래프 19.구구단 20.어림

똑똑! 문해력 상식 사전 2

쌍받침·겹받침 바르게 읽기

받침이 있는 글자는 바르게 읽어야 해요.
그래야 듣는 사람이 정확하게 알아들을 수 있어요.
쌍받침과 겹받침으로 된 낱말을 바르게 읽어 보아요.

● **쌍받침**
같은 자음자가 겹쳐서 된 받침.
예) ㄲ ㅆ

● **겹받침**
서로 다른 두 개의 자음자로 이루어진 받침.
예) ㄳ ㄵ ㄶ ㄺ ㄻ ㄼ ㄾ ㄿ ㅀ ㅄ

낱말의 받침에 자음자가 두 개 있어도 한 개만 발음돼요.
받침에 맞게 바르게 읽어 보세요.

낚시 [낙씨]

있다 [읻따]

몫 [목]

앉다 [안따]

많다 [만타]

밝다 [박따]

닮다 [담따]

밟다 [밥따]

핥다 [할따]

읊다 [읍따]

잃다 [일타]

가엾다 [가엽따]

3단계

3학년 교과서와 함께하는

낱말 퍼즐·낱말 게임

어휘력 쑥쑥! 문해력 탄탄!

STEP 3

도서·독서

가로 낱말 풀이

1 어떤 것에 대하여 끌리는 마음.
예) 난 세계 여러 나라의 음식에 ○○이 많아. 영) interest 漢) 關心

3 글이나 그림으로 표현해 적거나 인쇄해서 묶어 놓은 것.
예) 이 달의 추천 ○○는 '안네의 일기'예요. 비) 책 영) book 漢) 圖書

5 몇 글자나 몇 낱말로 이루어진 짧은 글.
예) '온 우주가 나를 돕는다'는 ○○를 보니 힘이 나요. 영) phrase

세로 낱말 풀이

2 새롭고 신기한 것을 좋아하는 마음.
예) 한국인은 세계에서 가장 ○○○이 많은 민족이래요. 영) curiosity 漢) 好奇心

4 책을 읽음.
예) 가을보다 겨울이 더 ○○하기에 좋은 계절 같아요. 영) reading 漢) 讀書

6 코로 '흥' 하고 불어 내는 소리.
예) 토끼는 느릿느릿 기어오는 거북이를 보며 ○○○를 뀌었지. 영) snort

교과 연계 • 국어3-1 ㉮: 11쪽, 14쪽, 17쪽, 28쪽 • 국어3-2 ㉮: 14쪽

★ 정답을 또박또박 써 보세요.

▶ 정답 91쪽

🐱 고사성어 탐구

사족 蛇足

있지도 않은 '뱀의 발을 덧붙여 그린다'는 뜻으로, 쓸데없는 일을 하다가 일을 그르치는 것을 비유함.
(출전: <전국책>의 '제책', <사기>의 초세가)

STEP 3

생생하게·유창하게

가로 낱말 풀이

1 어린이를 위하여 지은 이야기.
  예) 피터 팬 옷을 입으니, 내가 마치 ○○ 속 주인공이 된 것 같아. 영) fairy tale 漢) 童話

3 상대가 알기 쉽게 밝혀 말함.
  예) 어렵게 말하지 말고, 내가 알아듣기 쉽게 ○○해 봐. 영) explanation 漢) 說明

5 마치 눈앞에 보이는 것처럼 분명하고 또렷하게.
  예) 울먹이며 전학 간 친구의 모습이 ○○○○ 떠올라요. 영) vividly

세로 낱말 풀이

2 주로 어린이를 독자로 예상하고 지은 시.
  예) '엄만 내가 왜 좋아? 그냥'이라는 ○○가 마음에 들어. 영) children's poem 漢) 童詩

4 여러 가지로 설명해서 납득시킴.
  예) 고집 센 동생을 ○○하는 건 너무 힘든 일이야. 영) persuasion 漢) 說得

6 막힘없이 자연스럽게.
  예) 영어를 ○○○○ 하고 싶다면 실수하는 것을 두려워하지 마! 반) 어눌하게 영) fluently

교과 연계 • 국어3-1 ㉮: 21쪽 • 국어3-2 ㉮: 69쪽 • 국어3-2 ㉯: 169쪽 • 국어활동3-1: 91쪽, 96쪽

✏️ 공부한 날   월   일

▶ 정답 91쪽

🐱 **고사성어 탐구**

삼고초려 三顧草廬

'초가집을 세 번이나 찾아간다'는 뜻으로, 인재를 얻기 위해 노력을 아끼지 않는다는 뜻.
(출전: <삼국지> '촉서'의 제갈량전)

STEP 3

짜임새 · 문단

날말 풀이

1 다 자란 사람.
예 자기 일에 책임을 질 수 있는 사람이 진짜 ○○이에요. 비 성인 반 아이 영 adult

2 글이나 이야기가 체계 있게 잘 짜여 있는 모양.
예 ○○○ 있는 문단을 쓰려면 중심 문장과 뒷받침 문장을 잘 갖추어야 해. 비 구성 영 structure

3 긴 글을 내용에 따라 나눌 때 짧은 이야기 한 토막.
예 단어가 모여 문장이 되고, 문장이 모여 ○○이 돼요. 영 paragraph 漢 文段

4 글을 쓸 때 낱말을 띄어 쓰는 일.
예 ○○○○를 잘못하면 아버지 가방에 들어가게 돼요. 반 붙여쓰기 영 word spacing

5 어떤 학급을 책임지고 맡는 사람.
예 모르는 게 있을 땐 ○○ 선생님께 여쭤봐. 비 담임 교사 영 teacher 漢 擔任

6 도로를 가로질러 사람이 건너다니는 길.
예 좌우를 살펴 자동차가 멈췄는지 확인한 후 ○○○○를 건너야 해요. 영 cross walk 漢 橫斷步道

Q 교과 연계 • 국어3-1 ㉮: 47쪽, 106쪽, 111쪽 • 국어3-2 ㉮: 20쪽, 68쪽 • 국어3-2 ㉯: 278쪽

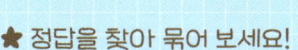

▶ 정답 91쪽

속담 읽기

배보다 배꼽이 더 크다

마땅히 작아야 할 것이 크고, 커야 할 것이 작을 때 쓰는 말이에요. 기본이 되는 것보다 그에 딸린 것이 더 많거나 큰 경우를 뜻해요. 비슷한 속담: 바늘보다 실이 더 굵다, 발보다 발가락이 더 크다

STEP 3

 **수수께끼** 스스로 기어 다니는 팽이는?

정답은  입니다.

 **관용구 퀴즈** ○에 풀칠하다

굶지 않고 겨우 먹고 살아간다는 말로, 물을 많이 넣어서 쑨 풀도 양껏 먹지 못할 정도로 가난함을 일컫는 말.

정답은  입니다.

교과 연계 • 국어3-1 가: 17쪽, 70쪽, 115쪽

 **맞춤법 퀴즈** '오랜만에'일까요, '오랫만에'일까요?

정답은  입니다.

정답

- 도서·독서

	² 호			⁶ 콧
	기			방
¹ 관	심		⁵ 글	귀
		⁴ 독		
	³ 도	서		

- 생생하게·유창하게

		¹·² 동	화	
		시		⁶ 유
³·⁴ 설	명			창
득				하
	⁵ 생	생	하	게

- 짜임새·문단

- 수수께끼 정답 달팽이
- 관용구 퀴즈 정답 입
- 맞춤법 퀴즈 정답 오랜만에

STEP 3

배려·소통

가로 낱말 풀이

1 생각하는 바가 서로 통함.
  예) 엄마는 사춘기 오빠와 ○○이 안 돼 힘들대요. 영) communication 漢) 疏通

4 도와주거나 보살펴 주려고 애를 씀.
  예) 봉사는 남을 ○○하는 마음에서부터 시작하는 거예요. 영) consideration 漢) 配慮

5 먹이사슬 관계에서 잡아먹는 생물.
  예) 매는 꿩의 ○○, 뱀은 개구리의 ○○이에요. 비) 목숨앗이 영) natural enemy 漢) 天敵

세로 낱말 풀이

2 몹시 날카롭고 매섭게 따지고 공격함.
  예) 남의 물건을 함부로 손대었다가는 ○○을 당하기 십상이야. 漢) 痛駁

3 일정한 요금을 받고 원하는 장소에 직접 배달해 주는 일.
  예) 더운 여름날 무거운 생수를 배달해 주시는 ○○ 아저씨 고맙습니다. 영) delivery service 漢) 宅配

6 어떤 사실을 좋게 보거나 인정하는 것.
  예) 매사에 밝고 ○○○인 너와 함께 있으면 덩달아 기분이 좋아져. 반) 부정적 영) positive 漢) 肯定的

Q 교과 연계 • 국어3-1 ㉯: 148쪽, 180쪽, 211쪽 • 국어3-2 ㉯: 162쪽 • 국어활동3-1: 74쪽

📝 공부한 날   월   일

▶ 정답 99쪽

🐱 **고사성어 탐구**

새옹지마 塞翁之馬

'변방에 사는 늙은이의 말'이라는 뜻으로, 세상의 길흉화복은 변화가 많아서 예상하기 힘들다는 뜻.
(출전: <회남자>의 인간훈)

STEP 3

저작권·출처

가로 낱말 풀이

1 자료, 말, 글이 생기거나 나온 본래의 곳.
  예 다른 사람이 창작한 작품을 사용할 때는 반드시 ○○를 밝혀야 해요. 영 source 漢 出處

3 어떤 대상에 대해 마음속에 새겨진 느낌.
  예 가장 ○○ 깊게 본 만화 영화는 '토이 스토리'예요. 영 impression 漢 印象

5 창작물을 만든 사람이 가지는 권리.
  예 ○○○이 보호되지 않으면 창작자가 애써 만든 작품이 함부로 쓰이게 돼. 영 copyright 漢 著作權

세로 낱말 풀이

2 출판을 업으로 하는 회사.
  예 작가가 원고를 쓰면 ○○○는 책으로 만들어요. 영 publisher 漢 出版社

4 전 세계의 컴퓨터가 서로 연결되어 정보를 교환할 수 있는 거대한 통신망.
  예 우리 가족은 ○○○으로 신문 보고, 쇼핑하고, 게임하느라 바빠요. 영 internet

6 어림잡아 헤아림.
  예 그걸 어떻게 아냐고? 눈치로 대충 ○○한 거야. 영 guess 漢 斟酌

Q 교과 연계 · 국어3-1㉮: 10쪽 · 국어3-1㉯: 153쪽, 161쪽, 162쪽, 251쪽 · 국어3-2㉯: 255쪽

🦝 고사성어 탐구

어부지리 漁夫之利

둘이서 끊임없이 다투는 사이에 다른 사람이 이익을 얻는다는 말. (출전: <전국책>의 '연책')

STEP 3

김치·치즈

낱말 풀이

1 우유 속에 있는 단백질을 굳혀 발효시킨 식품.
  예) 나는 쭈욱 늘어나는 모짜렐라 ○○가 제일 좋더라. 영) cheese

2 식초, 소금, 설탕에 버무린 흰밥을 갸름하게 뭉친 다음 고추냉이와 생선 따위를 얹어 만든 일본 음식.
  예) 아빠는 고추냉이가 들어간 ○○을 좋아하고, 나는 햄이 들어간 김밥을 좋아해요. 영) sushi

3 소금에 절인 무나 배추에 고춧가루, 파, 마늘 등의 갖은 양념을 하여 버무려 담근 반찬.
  예) 충청도에서는 ○○를 '짠지'라고 부른대요. 영) kimchi

4 두 조각의 빵 사이에 고기, 달걀, 치즈, 채소 따위를 끼워 넣은 음식.
  예) ○○○○는 영국의 샌드위치 백작이 먹던 빵에서 유래한 거래. 영) sandwich

5 얇게 썬 고기를 긴 꼬치에 꿰어서 숯불에 구워 낸 요리.
  예) 세계적으로 유명한 음식 ○○을 먹으러 튀르키예에 가 보고 싶어요. 영) kebab

6 무를 소금물에 담가 익힌 물김치.
  예) 북부 지방에서는 싱겁고 담백한 백김치와 ○○○를 만들어 먹어요. 영) dongchimi

Q 교과 연계 · 국어3-1 ㉮: 86쪽 · 국어3-1 ㉯: 155쪽, 166쪽 · 국어활동3-1: 38쪽, 40쪽

📝 공부한 날   월   일

★ 정답을 찾아 묶어 보세요!

카	김	치	레	동
아	차	루	산	치
샌	리	티	초	미
스	드	나	밥	발
카	리	위	플	투
케	밥	두	치	즈

▶ 정답 99쪽

🦦 속담 읽기

병 주고 약 준다

병을 앓게 만들어 놓고는 치료할 약을 준다는 뜻으로, 어떤 일을 방해해서 망쳐 놓은 뒤 다시 나서서 도와준다는 말이에요. 비슷한 속담: 등 치고 배 만진다, 술 먹여 놓고 해장 가자 부른다

97

STEP 3

☀ 수수께끼
코는 코인데 가장 큰 코는?

＊미국과 국경을 맞대고 있는 나라로 수도는 멕시코시티.

정답은    입니다.

☀ 관용구 퀴즈
가라면 서럽다

어떤 분야에서 누구나 인정하는 첫째를 가리킬 때 쓰는 말.

정답은   입니다.

교과 연계 • 국어3-1 ㉯: 154쪽, 272쪽 • 국어활동3-1: 45쪽

 **맞춤법 퀴즈** 눈을 '**지그시**' 감다일까요, '**지긋이**' 감다일까요?

＊지그시: 슬며시 힘을 주는 모양.
＊지긋이: 나이가 비교적 많아 듬직하게.

정답은 ☐ ☐ ☐ 입니다.

정답

• 배려·소통

	¹소	²통		
		박		
³택				⁶궁
⁴배	려			정
		⁵천	적	

• 저작권·출처

¹·²출	처		³·⁴인	상
판				터
사				넷
		⁶짐		
	⁵저	작	권	

• 김치·치즈

• 수수께끼 정답 **멕시코**

• 관용구 퀴즈 정답 **둘째**

• 맞춤법 퀴즈 정답 **지그시**

어휘력 문해력 쑥쑥!

1 몇 글자나 몇 낱말로 이루어진 짧은 글.

2 새롭고 신기한 것을 좋아하는 마음.

3 책을 읽음.

4 어린이를 위하여 지은 이야기.

5 여러 가지로 설명해서 납득시킴.

6 막힘없이 자연스럽게.

7 다 자란 사람.

8 긴 글을 내용에 따라 나눌 때 짧은 이야기 한 토막.

9 글을 쓸 때 낱말을 띄어 쓰는 일.

10 도로를 가로질러 사람이 건너다니는 길.

정답 1.글귀 2.호기심 3.독서 4.동화 5.설득 6.유창하게 7.어른 8.문단 9.띄어쓰기 10.횡단보도

도전! 낱말 퀴즈

11 도와주거나 보살펴 주려고 애를 씀.

12 먹이사슬 관계에서 잡아먹는 생물.

13 일정한 요금을 받고 원하는 장소에 직접 배달해 주는 일.

14 어떤 사실을 좋게 보거나 인정하는 것.

15 자료, 말, 글이 생기거나 나온 본래의 곳.

16 창작물을 만든 사람이 가지는 권리.

17 전 세계의 컴퓨터가 서로 연결되어 정보를 교환할 수 있는 거대한 통신망.

18 우유 속에 있는 단백질을 굳혀 발효시킨 식품.

19 소금에 절인 무나 배추에 고춧가루, 파, 마늘 등의 갖은 양념을 하여 버무려 담근 반찬.

20 두 조각의 빵 사이에 고기, 달걀, 치즈, 채소 따위를 끼워 넣은 음식.

정답 11.배려 12.천적 13.택배 14.긍정적 15.출처 16.저작권 17.인터넷 18.치즈 19.김치 20.샌드위치

STEP 3

댓글·줄임말

가로 낱말 풀이

1 뿌리와 잎을 이어 주며 양분을 전달하는 식물의 한 부분.
예 풀과 나무는 ○○가 튼튼해야 잘 자랄 수 있어요. 영 stem

3 온라인 게시 글에 대해 짤막하게 답하여 올리는 글.
예 게시 글에 ○○을 달 때는 네티켓을 지켜야 해요. 비 답글 영 comment

6 두 사람 이상이 한 물건을 공동으로 소유하거나 이용함.
예 출퇴근길에 ○○ 자전거를 이용하는 사람들이 많아요. 영 sharing 漢 共有

세로 낱말 풀이

2 두 단어 이상으로 이루어진 말을 짧게 줄여 만든 말.
예 '중요한 것은 꺾이지 않는 마음'의 ○○○은 '중꺾마'예요. 영 abbreviation

4 글을 쓴 사람.
예 왜 그렇게 결말을 지었는지 ○○○에게 물어보고 싶어요. 비 지은이 영 writer

5 '열심히 공부하다'를 줄여 이르는 말.
예 나 지금 ○○ 중이니까 말 시키지 마.

Q 교과 연계 • 국어3-1 ㉮: 10쪽 • 국어3-1 ㉯: 158쪽, 169쪽 • 국어3-2 ㉯: 167쪽 • 국어활동3-2: 55쪽

고사성어 탐구

오월동주 吳越同舟

'오나라 사람과 월나라 사람이 한 배에 타고 있다'는 뜻으로, 서로 적대감을 품은 두 사람이 같은 처지나 한자리에 있게 됨을 말함. (출전: <손자(손자병법)>의 구지 편)

STEP 3

인물·성격

가로 낱말 풀이

1 중심이 되는 인물.
  예) 내가 좋아하는 동화의 ○○○은 '어린 왕자'예요. 영 hero 漢 主人公

4 개인이 가지고 있는 성질.
  예) 내가 낙천적인 건 할아버지의 ○○을 닮아서 그렇대요. 영 personality 漢 性格

5 일정한 상황에서 어떤 역할을 하는 사람.
  예) 동화책에 나오는 수많은 ○○ 중에 누가 제일 멋지다고 생각하니? 영 character 漢 人物

세로 낱말 풀이

2 배를 부리는 일을 직업으로 하는 사람.
  예) '○○이 많으면 배가 산으로 올라간다'는 속담의 뜻은? 비 뱃사공 영 boatman 漢 沙工

3 어떤 일을 성의 없이 대충 함.
  예) 엄마 말에 형이 자꾸 ○○으로 대답하니까 화를 내시지.

6 눈으로 볼 수 없는 아주 작은 생물.
  예) ○○○은 배설물을 작게 분해해 자연으로 되돌리는 역할을 해요. 영 microorganism 漢 微生物

Q 교과 연계 • 국어3-1 ㉮: 18쪽 • 국어3-1 ㉯: 187쪽, 276쪽 • 국어활동3-1: 70쪽, 78쪽

🐱 고사성어 탐구

와신상담 臥薪嘗膽

'섶에 누워 쓸개를 씹는다'는 뜻으로, 목적을 이룰 때까지 온갖 고난을 참고 견디는 것을 이르는 말.
(출전: <사기>의 월왕 구천 세가)

STEP 3

사실·의견

낱말 풀이

1 조심하지 아니하여 잘못함.
   예 덜렁대다 또 ○○하지 말고 차분하게 잘해. 알았지? 영 mistake 漢 失手

2 어떤 대상에 대하여 가지는 생각.
   예 소수의 ○○도 존중할 줄 알아야 해. 영 opinion 漢 意見

3 보고하는 내용을 적은 글.
   예 나는 개미를 관찰한 ○○○를 쓰려고 해. 영 report 漢 報告書

4 실제로 있었던 일이나 현재에 있는 일.
   예 그 소문이 ○○이 아니라는 거 너도 잘 알잖아. 영 fact 漢 事實

5 마땅히 지켜야 할 말투와 몸가짐.
   예 웃어른께 버릇없이 굴면 안 돼. ○○ 바르게 행동해야지. 영 manner 漢 禮儀

6 사람이 모여 사는 지역.
   예 진해는 도시 전체가 벚꽃으로 유명한 ○○이에요. 영 region

교과 연계 ・국어3-1 ㉮: 46쪽 ・국어3-1 ㉯: 254쪽, 255쪽 ・국어3-2 ㉯: 276쪽 ・국어활동3-1: 70쪽, 112쪽

📝 공부한 날   월   일

★ 정답을 찾아 묶어 보세요!

식	보	다	감	실
들	의	고	야	수
사	실	시	서	은
정	밀	물	만	한
계	고	작	예	의
땅	장	난	세	견

▶ 정답 109쪽

🐱 속담 읽기

사공이 많으면 배가 산으로 간다

일을 주관하는 사람 없이 여러 사람이 자기주장만 내세우면 어떤 일을 이루어 내기가 어렵다는 뜻이에요. 비슷한 속담: 목수가 많으면 기둥이 기울어진다

STEP 3

☀ 수수께끼
나무는 나무인데 거꾸로 서 있는 나무는?

정답은     입니다.

☀ 관용구 퀴즈   ○를 내두르다

몹시 놀라거나 어이없어서 말을 못하다.

정답은  입니다.

Q 교과 연계   • 국어3-1 ㉮: 17쪽   • 국어활동3-1: 37쪽, 100쪽

맞춤법 퀴즈 [느즈막하다 & 느지막하다]
어느 것이 표준어일까요?

* ○○○○○는 '시간이나 기한이 매우 늦다'는 뜻의 표준어이고,
* ○○○○○는 경상북도의 사투리예요.

정답은      입니다.

정답

• 댓글·줄임말

	1·2 줄	기		3 댓	4 글
	임				쓴
	말				이
			5 열		
			6 공	유	

• 인물·성격

		2 사	
1 주	인	공	6 미
			생
3 건		5 인	물
4 성	격		

• 사실·의견

• 수수께끼 정답 물구나무
• 관용구 퀴즈 정답 혀
• 맞춤법 퀴즈 정답 느지막하다

STEP 3
과거·미래

가로 낱말 풀이

1 광고 문구나 구호를 적어 걸어 놓은 막.
   예 대통령 선거를 알리는 ○○○이 사거리에 걸려 있어요. 비 플래카드 영 placard 漢 懸垂幕

3 이미 지나간 때.
   예 ○○에는 못살았지만 지금은 잘살게 된 우리나라 대한민국! 영 past 漢 過去

5 앞으로 올 때.
   예 가까운 ○○에는 로봇이 숙제를 대신 해 줄 거야. 영 future 漢 未來

세로 낱말 풀이

2 지금 이 시간.
   예 지나간 과거보다 지금 ○○가 더 중요해. 영 present 漢 現在

4 학습 능력을 높이기 위해 교사가 학생들에게 내 주는 연구 문제.
   예 어휴, 학원에서 내 준 ○○가 산더미야. 비 숙제 영 assignment 漢 課題

6 여러 사람이 함께 손을 잡고 원을 그리며 춤추고 노래하는 놀이.
   예 ○○○○는 추석이나 정월 대보름날에 하는 민속놀이예요.

교과 연계 • 국어3-1 ㉠: 123쪽 • 국어3-1 ㉡: 160쪽, 259쪽, 269쪽 • 국어활동3-1: 34쪽

🐱 고사성어 탐구

용두사미 龍頭蛇尾

'용의 머리와 뱀의 꼬리'라는 뜻으로, 시작은 좋았으나 나중에는 흐지부지되는 경우를 가리키는 말.
(출전: <벽암록>)

STEP 3

자장면·강냉이

가로 낱말 풀이

1 겨우내 먹기 위해 김치를 한꺼번에 많이 담그는 일.
  예) 겨울에는 신선한 채소를 구하기 어려워 ○○ 김치를 담그게 된 거래요.

3 매일같이 계속하여서. 매일. 날마다.
  예) ○○과 '맨날'은 둘 다 표준어예요. 영) every day

5 곤충 따위가 바뀌면서 자라는 변태 과정의 한 차례.
  예) 나비는 '알→애벌레→번데기→어른벌레(성충)'의 ○○○ 과정을 거쳐요.

세로 낱말 풀이

2 고기와 채소를 넣어 볶은 중국 된장을 국수에 얹어 비벼 먹는 요리.
  예) '자장면'과 ○○○은 둘 다 표준어예요.

4 새나 곤충의 몸에 달려 공중을 날아다니는 데 쓰는 기관.
  예) ○○와 '나래'는 둘 다 표준어예요. 영) wing

6 옥수수의 열매.
  예) ○○○와 '옥수수'는 둘 다 표준어예요. 영) corn

Q 교과 연계 · 국어3-1 ㉮: 138쪽 · 국어3-1 ㉯: 152쪽 · 국어3-2 ㉯: 224쪽 · 국어활동3-1: 40쪽

고사성어 탐구

우공이산 愚公移山

우공이 산을 옮긴 것처럼 끊임없이 노력하면 반드시 이루어짐을 이르는 말. (출전: <열자>의 탕문 편)

STEP 3

단오·한식

낱말 풀이

1 못자리에서 기른 모를 논으로 옮겨 심는 일.
  예 ○○○한 후 논둑에 둘러앉아 먹는 새참은 꿀맛이에요. 비 모심기 영 rice planting

2 밥을 엿기름 우린 물로 삭힌 다음 설탕을 넣고 끓여 만든 전통 음료.
  예 나는 달콤한 ○○를 좋아하고, 엄마는 쓰디쓴 커피를 좋아해요. 비 단술 漢 食醯

3 우리나라 4대 명절의 하나. 음력 5월 5일.
  예 ○○에 남자들은 씨름을 하고, 여자들은 그네를 뛰었어요. 漢 端午

4 식물의 뿌리를 단위로 한 낱개.
  예 모를 심을 때는 한 번에 3~5○○ 정도를 심어요. 영 head

5 우리나라 4대 명절의 하나. 동지로부터 105일째 되는 날.
  예 ○○에는 불을 피우지 않고 찬 음식을 먹었어요. 漢 寒食

6 소리로만 정보를 전달하는 방송 매체.
  예 운전할 때 졸음을 쫓기 위해 ○○○ 방송을 들어요. 영 radio

교과 연계 • 국어3-1 ㉮: 74쪽 • 국어3-1 ㉯: 150쪽, 198쪽, 243쪽 • 국어활동3-1: 34쪽

📝 공부한 날   월   일

★ 정답을 찾아 묶어 보세요!

조	지	포	돈	한
모	내	기	코	식
반	테	판	금	니
피	투	라	로	황
식	혜	결	디	가
피	혼	의	단	오

▶ 정답 117쪽

🐱 속담 읽기

소 잃고 외양간 고친다

평소에 대비하지 않고 있다가 어떤 일에 크게 낭패를 본 뒤에야 깨닫고 대비한다는 말이에요. 일을 그르친 뒤에는 뉘우쳐도 소용없다는 뜻이지요. 비슷한 속담: 도둑맞고 사립 고친다

115

STEP 3

 **수수께끼**

추장보다 더 높은 사람은?

*질게 지은 밥에 메줏가루, 고춧가루, 소금을 넣어 버무린 붉은빛의 매운 장.

정답은   입니다.

 **관용구 퀴즈** ○을 죽이다

숨소리가 들리지 않을 정도로 조용히 하다.

정답은  입니다.

교과 연계 • 국어3-1 ㉯: 189쪽 • 국어활동3-1: 78쪽, 102쪽

 **'왠일'**일까요, **'웬일'**일까요?

＊어찌 된 일. 어떻게 된 일.

정답은  입니다.

정답

• 과거·미래

	¹·²현	수	막		
	재				⁶강
					강
	³·⁴과	거			술
	제			⁵미	래

• 자장면·
  강냉이

			³만	⁴날	
		²짜		개	
¹김	장				⁶강
	면				냉
			⁵한	살	이

• 단오·한식

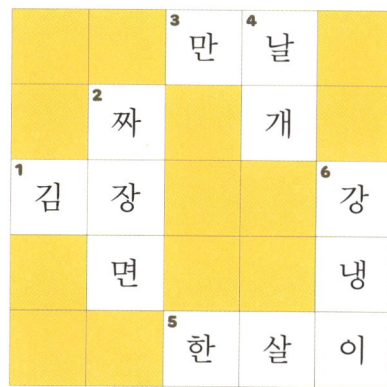

• 수수께끼 정답

  고추장(高: 높을 고)

• 관용구 퀴즈 정답 숨

• 맞춤법 퀴즈 정답 웬일

어휘력 문해력 쑥쑥!

1. 뿌리와 잎을 이어 주며 양분을 전달하는 식물의 한 부분. ☐☐

2. 온라인 게시 글에 대해 짤막하게 답하여 올리는 글. ☐☐

3. 두 사람 이상이 한 물건을 공동으로 소유하거나 이용함. ☐☐

4. 중심이 되는 인물. ☐☐☐

5. 개인이 가지고 있는 성질. ☐☐

6. 배를 부리는 일을 직업으로 하는 사람. ☐☐

7. 어떤 일을 성의 없이 대충 함. ☐☐

8. 눈으로 볼 수 없는 아주 작은 생물. ☐☐☐

9. 조심하지 아니하여 잘못함. ☐☐

10. 보고하는 내용을 적은 글. ☐☐☐

정답 1.줄기 2.댓글 3.공유 4.주인공 5.성격 6.사공 7.건성 8.미생물 9.실수 10.보고서

도전! 낱말 퀴즈

11 겨우내 먹기 위해 김치를 한꺼번에 많이 담그는 일.

12 곤충 따위가 바뀌면서 자라는 변태 과정의 한 차례.

13 고기와 채소를 넣어 볶은 중국 된장을 국수에 얹어 비벼 먹는 요리.

14 새나 곤충의 몸에 달려 공중을 날아다니는 데 쓰는 기관.

15 옥수수의 열매.

16 못자리에서 기른 모를 논으로 옮겨 심는 일.

17 밥을 엿기름 우린 물로 삭힌 다음 설탕을 넣고 끓여 만든 전통 음료.

18 우리나라 4대 명절의 하나. 음력 5월 5일.

19 소리로만 정보를 전달하는 방송 매체.

20 어찌 된 일.

정답 11.김장 12.한살이 13.짜장면 14.날개 15.강냉이 16.모내기 17.식혜 18.단오 19.라디오 20.웬일

똑똑! 문해력 상식 사전 3

물건을 세는 단위

'단위'는 길이, 무게, 수효, 시간 등을 수치로 나타낼 때 기초가 되는 기준이에요.
대표적인 몇 가지 단위를 알아보아요.

책 한 (권)	두부 한 (모)
수저 한 (벌)	포도 한 (송이)
연필 한 (자루)	종이 한 (장)
집/이불 한 (채)	배 한 (척)
신발 한 (켤레)	밤 한 (톨)
배추 한 (포기)	말 한 (필)

얼마나 되는지 알아봐요!

- 쌀 한 **가마니** = 80kg
- 굴비 한 **두름** = 20마리 (한 줄에 10마리씩 2줄로 엮음)
- 바늘 한 **쌈** = 24개
- 마늘 한 **접** = 100개
- 오징어 한 **축** = 20마리
- 북어 한 **쾌** = 20마리
- 김 한 **톳** = 100장

4단계

4학년 교과서와 함께하는

낱말 퍼즐·낱말 게임

어휘력 쑥쑥! 문해력 탄탄!

STEP 4

질문·대답

가로 낱말 풀이

1 아이가 성장해서 결혼하고 자식을 낳을 때까지 걸리는 대략 30년의 기간.
  예) 우리 집은 할아버지와 아버지, 내가 함께 사는 3○○ 가족이에요. 비) 대 영) generation 漢) 世代

4 사회에 적응하는 소질이나 능력.
  예) 학교는 또래 아이들과 어울리는 ○○○을 기르는 곳이기도 해요. 영) sociality 漢) 社會性

5 모르는 것을 물음.
  예) 동생이 엉뚱한 ○○을 해서 식구들을 웃겼어요. 비) 질의 반) 대답 영) question 漢) 質問

세로 낱말 풀이

2 묻는 말에 답함.
  예) '엄마가 좋아, 아빠가 좋아?'는 ○○하기 곤란한 질문이에요. 비) 답변 영) answer 漢) 對答

3 사람이나 세상이 변해 온 자취.
  예) 독도의 ○○를 알리기 위해 우리가 할 수 있는 일은? 영) history 漢) 歷史

6 다음 세대에 물려줄 만한 가치가 있는 모든 문화를 이르는 말.
  예) 창덕궁은 유네스코 세계 ○○○○, 훈민정음은 세계 기록유산으로 등재되었어요.
  영) cultural heritage 漢) 文化遺産

Q 교과 연계 • 국어4-1 ㉮: 9쪽, 19쪽, 39쪽, 60쪽 • 국어4-1 ㉯: 162쪽 • 국어4-2 ㉯: 182쪽

📝 공부한 날   월   일

★ 정답을 또박또박 써 보세요.

▶ 정답 129쪽

🐱 고사성어 탐구

자승자박 自繩自縛

'자기 줄로 자기 몸을 묶는다'는 뜻으로, 자기가 한 말과 행동 때문에 자신이 곤란하게 됨을 비유한 말.
(출전: <한서>의 유협전)

STEP 4

토의·판단

가로 낱말 풀이

2 어떤 일을 풀어 나갈 수 있는 실마리.
예) 꼬마 탐정이 사건 현장에서 결정적 ○○를 찾았어요. 비) 실마리 영) clue 漢) 端緒

3 어떤 문제를 해결하기 위해 여럿이 함께 의논하는 것.
예) 자신의 의견만 고집하는 사람하고는 ○○를 할 수 없어요. 영) discussion 漢) 討議

5 한 번 쓰고 버리게 만들어진 물품.
예) ○○○○을 줄이는 것보다 안 쓰는 게 더 중요해요. 영) disposable product 漢) 一回用品

세로 낱말 풀이

1 옳고 그름을 헤아려 결정함.
예) 한쪽의 의견만 듣고 ○○하는 건 공정하지 못한 일이야. 영) judgment 漢) 判斷

4 의견이나 희망 사항을 내놓음.
예) 학교나 학급에 ○○할 사항이 있으면 말씀해 주십시오. 영) suggestion 漢) 建議

6 진행을 맡아 보는 사람.
예) 의견을 발표할 때는 ○○○에게 말할 기회를 얻어야 해요. 영) chairperson 漢) 司會者

교과 연계 • 국어4-1 ㉮: 17쪽, 91쪽 • 국어4-2 ㉮: 16쪽, 121쪽 • 국어활동4-1: 31쪽 • 국어활동4-2: 51쪽

🐱 고사성어 탐구

전화위복 轉禍爲福

재앙이 바뀌어 오히려 복이 된다는 의미. (출전: <전국책>의 '연책', <사기>의 관안열전 편)

STEP 4

관찰·기록

낱말 풀이

1 작은 것을 크게 보이도록 하는 볼록렌즈.
  예 ○○○로 보면 작은 개미도 커 보여요. 영 magnifying glass

2 사물을 주의 깊게 살펴봄.
  예 난 식물보다 움직이는 동물을 ○○하는 게 더 재미있어. 영 observation 漢 觀察

3 사람의 생각으로 헤아리기 어렵고 묘한 일.
  예 나도 알라딘처럼 세 가지 소원을 들어주는 ○○한 요술 램프를 갖고 싶어요. 비 미스터리
  영 mystery 漢 神秘

4 어떤 사실을 적어 두는 일.
  예 강낭콩이 자라는 과정을 자세히 ○○한 관찰 일지가 있어요. 영 record 漢 記錄

5 관찰하고 측정함.
  예 기상청은 날씨를 ○○하고 예보하는 일을 하는 곳이에요. 영 observation 漢 觀測

6 배추벌레가 자라서 된 흰나비.
  예 ○○○○○는 무와 배추를 갉아먹는 해충이에요. 영 cabbage butterfly

교과 연계 • 국어4-1 ㉮: 21쪽, 100쪽, 115쪽, 116쪽, 132쪽

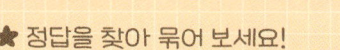

★ 정답을 찾아 묶어 보세요!

▶ 정답 129쪽

속담 읽기

아니 땐 굴뚝에 연기 날까

어떤 일이든지 일어난 원인이 있기 때문에 결과가 있다는 뜻이에요.
비슷한 속담: 아니 때린 장구 북소리 날까, 뿌리 없는 나무에 잎이 필까

STEP 4

 **수수께끼**

왕이 양쪽에 있으면?
*방향을 잡지 못하고 이리저리 왔다 갔다 하는 모양.

정답은    입니다.

 **관용구 퀴즈**   손이 ○이 되도록 싹싹 빌다

잘못을 용서해 달라고 간절하게 빌다.

정답은  입니다.

🔍 **교과 연계**   • 국어4-1 ㉮: 38쪽, 52쪽   • 국어활동4-1: 16쪽

☀ 맞춤법 퀴즈

약속을 깜빡 **'잊어버리다'**일까요, **'잃어버리다'** 일까요?

＊잊어버리다: 어떤 것을 기억해 내지 못하다.
＊잃어버리다: 가지고 있었던 물건이 없어지다.

정답은      입니다.

🔍 정 답

• 질문·대답

	¹세	²대			
		답		⁵질	⁶문
					화
	³역				유
	⁴사	회	성		산

• 토의·판단

¹판				⁴건
²단	서		³토	의
		⁶사		
	⁵일	회	용	품
		자		

• 관찰·기록

- 수수께끼 정답 우왕좌왕
- 관용구 퀴즈 정답 발
- 맞춤법 퀴즈 정답 잊어버리다

STEP 4

비슷한말·반대말

가로 낱말 풀이

1 우리가 쓰는 낱말의 뜻을 풀이해 놓은 책.
   예 '시나브로'의 뜻을 ○○○○에서 찾고 뜻이 비슷한 낱말을 써 보세요.
   영 Korean language dictionary 漢 國語辭典

3 가장 높거나 으뜸이 될 만한 것.
   예 장영실은 세종대왕이 사랑한 조선 ○○의 발명가였어. 비 으뜸 반 최저 영 best 漢 最高

5 서로 반대의 뜻을 나타내는 말.
   예 '한복'의 ○○○은 '양복'이고, '한식'의 ○○○은 '양식'이에요. 비 반대어, 반의어 영 antonym

세로 낱말 풀이

2 드나드는 목의 첫머리.
   예 '동구 밖 과수원길'에서 '동구'는 동네 ○○라는 뜻이야. 비 입구 영 entrance

4 맨 처음.
   예 세계 ○○로 측우기를 발명한 1441년 5월 19일을 기념하여 정한 날이 발명의 날이야. 반 최종
   영 first 漢 最初

6 뜻이 서로 비슷한 말.
   예 '옷'의 ○○○○은 '의상'이에요. 비 유의어 영 similar words

교과 연계 • 국어4-1 ㉮: 44쪽, 69쪽, 120쪽 • 국어4-2 ㉮: 90쪽

📝 공부한 날   월   일

▶ 정답 137쪽

🐱 고사성어 탐구

조삼모사 朝三暮四

'아침에 세 개, 저녁에 네 개'라는 뜻으로, 남을 속이는 행동을 뜻하거나 당장 눈앞에 보이는 차별만 알고 그 결과가 같음을 모른다는 말. (출전: <열자>의 황제 편)

STEP 4

자료·검색

가로 낱말 풀이

2 연구나 조사 따위의 바탕이 되는 재료.
예 인터넷에서 찾은 ○○가 믿을 만한지 확인해 봐야겠어. 영 data 漢 資料

3 여러 가지 옛날 유물이나 예술품을 모아 놓고 사람들에게 보여 주는 곳.
예 화석에 대해 알고 싶으면 자연사 ○○○으로 가 보세요. 영 museum 漢 博物館

5 조사하여 찾아봄.
예 스마트폰으로 통화보다 인터넷 ○○을 더 많이 해요. 영 search 漢 檢索

세로 낱말 풀이

1 기사를 취재해서 쓰거나 편집하는 사람.
예 인기 있는 유명 연예인을 취재하는 ○○가 되고 싶어요. 영 reporter 漢 記者

4 생명을 가지고 스스로 살아가는 물체.
예 ○○은 동물과 식물, 미생물을 모두 포함하는 낱말이야. 반 무생물 영 life 漢 生物

6 주황과 검정을 섞은 흙과 비슷한 색.
예 껍질을 깎은 사과는 시간이 지나면 ○○으로 변해요. 비 브라운 영 brown 漢 褐色

Q 교과 연계 • 국어4-1 ㉮: 58쪽, 117쪽, 127쪽 • 국어4-1 ㉯: 164쪽, 175쪽 • 국어4-2 ㉯: 156쪽

✏️ 공부한 날   월   일

▶ 정답 137쪽

🐱 **고사성어 탐구**

주경야독 畫耕夜讀

'낮에는 농사를 짓고 밤에는 글을 읽는다'는 뜻으로, 어려움 속에서도 꿋꿋이 공부함을 이르는 말.
(출전: <위서>의 최광전)

133

STEP 4

주장·근거

낱말 풀이

1 자기의 의견을 굳게 내세우는 것.
   예 말도 안 되는 황당한 ○○을 우리가 믿을 것 같니? 영 argument 漢 主張

2 주장이나 의견의 내용을 뒷받침해 주는 까닭.
   예 그렇게 말하는 ○○가 뭔지 제대로 얘기해 봐. 비 이유 영 basis 漢 根據

3 모든 사람의 의견이 같음.
   예 오늘 안건은 ○○○○로 통과되었습니다. 땅땅땅! 영 unanimity 漢 滿場一致

4 경상북도 동남부에 있는 관광 명소인 도시.
   예 신라 천년의 수도 ○○에 가면 불국사와 석굴암을 볼 수 있어요. 漢 慶州

5 사실이 아닌 것.
   예 참인지 ○○인지 둘 중에 하나 고르라는 문제가 가장 어려워요. 반 참, 사실 영 false

6 세상에 태어나서 죽을 때까지의 동안.
   예 가난한 사람들을 위해 ○○을 바친 위인들을 본받고 싶어요. 비 일평생 영 lifetime 漢 一生

Q 교과 연계 • 국어4-1 ㉮: 92쪽, 128쪽 • 국어4-1 ㉯: 162쪽, 202쪽 • 국어활동4-1: 37쪽, 59쪽

📝 공부한 날   월   일

★ 정답을 찾아 묶어 보세요!

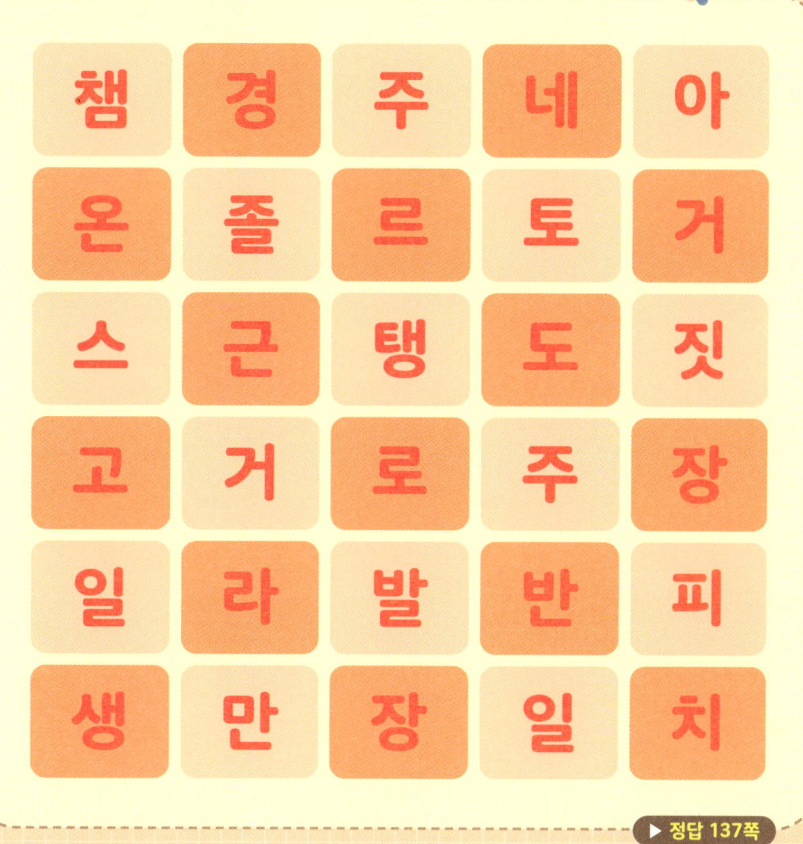

▶ 정답 137쪽

🐱 속담 읽기

지렁이도 밟으면 꿈틀한다

아무리 못나고 약한 사람도 너무 업신여기면 화를 낸다는 뜻이에요. 잘났든 못났든 사람(생명)은 다 귀한 존재예요. 비슷한 속담: 굼벵이도 밟으면 꿈틀한다, 지나가는 달팽이도 밟으면 꿈틀한다

STEP 4

☀ 수수께끼

마음이 불안한 사람이 가는 절은?

*마음이 불안하고 초조하여 어찌할 바를 모르는 모양.

정답은     입니다.

☀ 관용구 퀴즈   ○○이 노래지다

갑자기 힘이 빠지거나 큰 충격을 받아 정신이 아찔하게 되다.

정답은   입니다.

Q 교과 연계 • 국어4-1 나: 218쪽 • 국어활동4-1: 64쪽 • 국어활동4-2: 19쪽

 맞춤법 퀴즈 '**수군대다**'일까요, '**수근대다**'일까요?

정답은  입니다.

정답

- 비슷한말·반대말

¹국	²어	사	전	
	귀			⁶비
				숫
³·⁴최	고			한
초		⁵반	대	말

- 자료·검색

¹기				⁶갈
²자	료		⁵검	색
			⁴생	
		³박	물	관

- 주장·근거

- 수수께끼 정답 **안절부절**
- 관용구 퀴즈 정답 **하늘**
- 맞춤법 퀴즈 정답 **수군대다**

어휘력 문해력 쑥쑥!

1 모르는 것을 물음.

2 다음 세대에 물려줄 만한 가치가 있는 모든 문화를 이르는 말.

3 어떤 문제를 해결하기 위해 여럿이 함께 의논하는 것.

4 한 번 쓰고 버리게 만들어진 물품.

5 옳고 그름을 헤아려 결정함.

6 진행을 맡아 보는 사람.

7 작은 것을 크게 보이도록 하는 볼록렌즈.

8 어떤 사실을 적어 두는 일.

9 우리가 쓰는 낱말의 뜻을 풀이해 놓은 책.

10 가장 높거나 으뜸이 될 만한 것.

정답 1.질문 2.문화유산 3.토의 4.일회용품 5.판단 6.사회자 7.돋보기 8.기록 9.국어사전 10.최고

도전! 낱말퀴즈

11 서로 반대의 뜻을 나타내는 말. ☐☐☐

12 여러 가지 옛날 유물이나 예술품을 모아 놓고 사람들에게 보여 주는 곳. ☐☐☐

13 기사를 취재해서 쓰거나 편집하는 사람. ☐☐

14 생명을 가지고 스스로 살아가는 물체. ☐☐

15 주황과 검정을 섞은 흙과 비슷한 색. ☐☐

16 자기의 의견을 굳게 내세우는 것. ☐☐

17 모든 사람의 의견이 같음. ☐☐☐☐

18 사실이 아닌 것. ☐☐

19 세상에 태어나서 죽을 때까지의 동안. ☐☐

20 남이 알아듣지 못하도록 낮은 목소리로 자꾸 가만가만 이야기하다. ☐☐☐☐

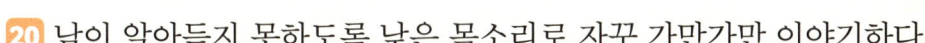

정답 11.반대말 12.박물관 13.기자 14.생물 15.갈색 16.주장 17.만장일치 18.거짓 19.일생 20.수군대다

STEP 4

동형이의어·다의어

가로 낱말 풀이

1 가득하게 되다.
예 항아리에 물이 가득 ○○. 반 비다 영 fill

4 감각 기관에 작용하여 반응을 일으킴.
예 내 코를 ○○하는 맛있는 피자 냄새. 영 stimulus 漢 刺戟

5 여러 가지 뜻을 가진 낱말.
예 사람의 다리, 오징어 다리, 책상 다리의 뜻을 지닌 '다리'는 ○○○예요. 영 polysemy 漢 多義語

세로 낱말 풀이

2 소금과 같은 맛이 있다.
예 추운 지방의 음식은 싱겁고, 더운 지방의 음식은 ○○. 반 싱겁다 영 salty

3 어머니와 아들.
예 다정해 보이는 ○○가 모자를 쓰고 걸어가요. 반 부녀 영 mother and son 漢 母子

6 낱말의 형태만 같고 뜻은 서로 다른 낱말.
예 하늘에서 내리는 '눈'과 사람의 '눈'은 ○○○○○예요. 영 homograph 漢 同形異義語

교과 연계 • 국어4-1 나: 179쪽, 183쪽, 185쪽, 187쪽 • 국어활동4-1: 40쪽

✏️ 공부한 날   월   일

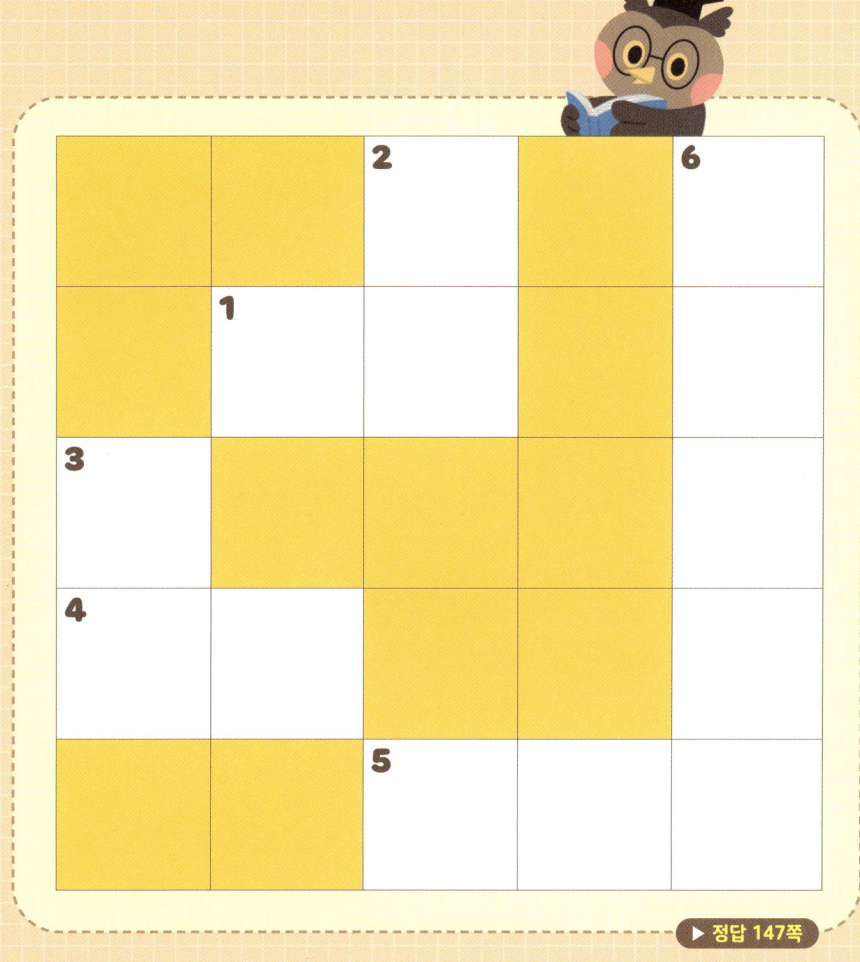

▶ 정답 147쪽

🐱 **고사성어 탐구**

죽마고우 竹馬故友

'대나무 말을 타고 놀던 옛 친구'라는 뜻으로, 아주 어릴 때부터 함께 놀며 자란 친구 사이를 가리킴.
(출전: <진서>의 은호전)

STEP 4

이것·저것

가로 낱말 풀이

1 말이나 동작으로 무엇이 있는 곳을 알려 주다.
  예 손가락으로 먼 바다를 ○○○○. 영 point

3 '이 아이'가 줄어든 말.
  예 ○는 축구를 잘하고, 쟤는 게임을 잘해요.

5 가까운 거리에 있는 사물을 가리키는 말.
  예 ○○이 정녕 말로만 듣던 산삼이란 말이오? 영 this

세로 낱말 풀이

2 서둘러서 아주 급하게.
  예 ○○○○는 '불이 나게'가 바뀌어 된 말이에요. 영 hurriedly

4 '저 아이'가 줄어든 말.
  예 요건 내가 한 거고, 저건 ○가 한 거예요.

6 멀리 떨어져 있는 사물을 가리키는 말.
  예 난 이것보다 ○○이 더 좋은데, 네 생각은 어때? 영 that

교과 연계 · 국어4-1 ㉮: 142쪽 · 국어4-1 ㉯: 194쪽 · 국어활동4-2: 34쪽

▶ 정답 147쪽

🐱 고사성어 탐구

토사구팽 兎死狗烹

'토끼가 죽으면 토끼를 잡던 사냥개도 필요 없게 되어 주인에게 삶아 먹힌다'는 뜻으로, 실컷 부려 먹다 쓸모없어지면 야박하게 버리는 경우를 말함. (출전: <사기>의 회음후열전)

STEP 4

메모·습관

낱말 풀이

1 눈 깜짝할 사이.
예 사고는 늘 ○○○에 일어난다는 걸 잊지 마. 영 instant 漢 瞬息間

2 기억한 것을 잊지 않으려고 짧게 쓴 글.
예 요점만 간단히 쓰는 게 ○○의 포인트야. 영 memo

3 오랫동안 되풀이하면서 몸에 밴 행동.
예 링컨은 메모하는 ○○이 몸에 밴 대통령이었대. 비 버릇 영 habit 漢 習慣

4 간단하고 짤막하게.
예 오늘 무슨 일이 있었는지 ○○○ 설명해 줄래? 영 briefly

5 쓸 만한 가치.
예 아무짝에도 ○○ 없다는 말이 제일 슬퍼. 영 use

6 책을 모아 놓고 여러 사람이 볼 수 있게 만든 곳.
예 우리 가족은 주말이면 ○○○으로 나들이 가요. 영 library 漢 圖書館

Q 교과 연계 · 국어4-1 ㉯: 202쪽, 203쪽, 253쪽 · 국어활동4-2: 8쪽

공부한 날   월   일

★ 정답을 찾아 묶어 보세요!

▶ 정답 147쪽

속담 읽기

콩 심은 데 콩 나고 팥 심은 데 팥 난다

세상 모든 일은 원인에 따라 결과가 생긴다는 말이에요. 또는 자신이 노력한 만큼 성과를 얻게 된다는 뜻도 있어요. **비슷한 속담:** 배나무에 배 열리지 감 안 열린다

STEP 4

 **수수께끼** 마셔도 마셔도 배부르지 않은 것은?

정답은   입니다.

관용구 퀴즈 물에 빠진 ○○

물에 흠뻑 젖어 몰골이 초췌한 모양을 비유하는 말.

정답은   입니다.

교과 연계 • 국어활동4-1: 20쪽, 55쪽, 63쪽

 **'에구머니'일까요, '에그머니'일까요?**

정답은  입니다.

정답

- 동형이의어·다의어

		²짜		⁶동
	¹차	다		형
³모				이
⁴자	극			의
		⁵다	의	어

- 이것·저것

	²부			⁴재
¹가	리	키	다	
	나			
	케			⁶저
³얘			⁵이	것

- 메모·습관

- 수수께끼 정답 공기
- 관용구 퀴즈 정답 생쥐
- 맞춤법 퀴즈 정답 에구머니

STEP 4

발표·자신감

가로 낱말 풀이

1 자신이 있다는 느낌.
예 자꾸 연습해서 잘하게 되니까 없던 ○○○도 생기더라. 반 좌절감 영 confidence 漢 自信感

4 얼굴에 드러나는 감정.
예 밝은 ○○의 친구를 보면 내 기분도 덩달아 좋아져요. 비 낯빛 영 expression 漢 表情

5 마음을 늦추지 않고 정신을 바짝 차림.
예 교장 선생님이 오시면 이상하게 ○○이 돼요. 반 이완 영 tension 漢 緊張

세로 낱말 풀이

2 느끼고 생각한 것을 쓴 글.
예 오늘 숙제는 책을 읽고 독서 ○○○을 쓰는 거야. 영 report 漢 感想文

3 드러내어 세상에 널리 알림.
예 나는 ○○할 때마다 떨리더라. 안 그런 척하는 것뿐이지. 영 presentation 漢 發表

6 혈액을 온몸으로 보내는 순환 기관.
예 좋아하는 친구 앞에 서면 ○○이 콩닥콩닥 뛰어요. 비 염통 영 heart 漢 心臟

Q 교과 연계 • 국어4-1 ㉯: 187쪽, 218쪽, 219쪽, 236쪽 • 국어4-2 ㉯: 157쪽, 176쪽

📝 공부한 날   월   일

▶ 정답 155쪽

🐱 고사성어 탐구

형설지공 螢雪之功

'반딧불이·눈과 함께 하는 노력'이라는 뜻으로, 고생하면서 열심히 공부하는 자세를 이르는 말.
(출전: 이한의 <몽구>, <진서>의 차윤전)

STEP 4

원인·결과

가로 낱말 풀이

1 앞문장이 뒷문장의 원인이 될 때 이어 주는 말.
   예 우산을 깜빡했어. ○○○ 비를 흠뻑 맞았어. 비 그리하여 영 so

3 풀이 난 들판.
   예 숲속의 왕 호랑이와 ○○의 왕 사자가 싸우면 누가 이길까? 영 grassland 漢 草原

5 어떤 원인으로 인해 일어난 일.
   예 밤새 게임을 한 건 '원인', 그로 인해 늦잠을 잔 건 '○○'예요. 영 result 漢 結果

세로 낱말 풀이

2 서양의 고전 음악.
   예 내가 가장 좋아하는 ○○○ 음악은 베토벤의 '운명 교향곡'이야. 빠바바밤~ 비 고전 음악 영 classic

4 어떤 일이 일어나게 만든 까닭.
   예 시험 성적이 떨어진 ○○이 뭐라고 생각하니? 영 cause 漢 原因

6 일이 되어 가는 형편이나 순서.
   예 연필이 내 손에 들어오기까지의 ○○이 궁금해. 영 process 漢 過程

Q 교과 연계 • 국어4-1 ㉮: 49쪽 • 국어4-1 ㉯: 258쪽, 262쪽 • 국어4-2 ㉯: 212쪽 • 국어활동4-1: 33쪽

고사성어 탐구

화룡점정 畫龍點睛

'용을 그린 다음 마지막으로 눈동자를 그려 넣는다'는 뜻으로, 어떤 일을 할 때 가장 중요한 일을 마무리함을 뜻함. (출전: <수형기>)

STEP 4

가로·세로

낱말 풀이

1 어떤 수량에서 일부를 빼고 남은 부분.
  예) 돌림노래란, 일부가 먼저 부르고 ○○○가 뒤따라 부르는 노래를 말해. 영) rest

2 왼쪽에서 오른쪽으로 나 있는 방향.
  예) 낱말 퍼즐은 ○○와 세로로 엮은 두뇌 회전 게임이야. 반) 세로 영) width

3 다각형에서 서로 이웃하지 않은 두 꼭짓점을 이은 선분.
  예) 사각형의 ○○○은 2개, 오각형의 ○○○은 5개입니다. 영) diagonal 漢) 對角線

4 새의 꽁무니에 붙은 깃.
  예) 걸음아 나 살려라 ○○ 빠지게 도망갔대. 비) 꼬리 영) tail

5 위에서 아래로 나 있는 방향.
  예) '직사각형의 넓이=가로×○○'의 공식으로 구할 수 있어요. 반) 가로 영) length

6 점을 잇달아 찍어서 나타낸 선.
  예) 전개도를 그릴 때 접히는 부분은 ○○으로 나타내요. 영) dotted line 漢) 點線

Q 교과 연계 • 국어4-1 (나): 186쪽, 227쪽, 284쪽 • 국어활동4-1: 47쪽

✏️ 공부한 날   월   일

★ 정답을 찾아 묶어 보세요!

▶ 정답 155쪽

🐱 속담 읽기

하늘이 무너져도 솟아날 구멍이 있다

아무리 어려운 처지에 놓이더라도 이겨 내고 다시 일어날 수 있는 방법이 있다는 뜻이에요. 희망의 끈을 놓지 말라는 의미지요. 비슷한 속담: 죽을 수가 닥치면 살 수가 생긴다

 수수께끼

새 중에 가장 빠른 새는?

정답은     입니다.

☀ 관용구 퀴즈   ○도 때도 없이

시간에 구애받지 않고 자주.

정답은  입니다.

Q 교과 연계 · 국어4-1 ㉯: 209쪽, 219쪽, 284쪽

 걱정이 **'되서'**일까요, 걱정이 **'돼서'**일까요?

＊'되어서'가 줄어든 말이에요.

정답은   입니다.

정답

- 발표·자신감

¹자	신	²감		
		상		
		문		
³발				⁶심
⁴표	정		⁵긴	장

- 원인·결과

			⁵결	⁶과
	²클			정
¹그	래	서		
	식		³초	⁴원
				인

- 가로·세로

- 수수께끼 정답 눈 깜짝할 새
- 관용구 퀴즈 정답 시
- 맞춤법 퀴즈 정답 돼서

어휘력 문해력 쑥쑥!

1. 여러 가지 뜻을 가진 낱말. ☐☐☐

2. 어머니와 아들. ☐☐

3. 낱말의 형태만 같고 뜻은 서로 다른 낱말. ☐☐☐☐☐

4. 말이나 동작으로 무엇이 있는 곳을 알려 주다. ☐☐☐☐

5. '이 아이'가 줄어든 말. ☐

6. 멀리 떨어져 있는 사물을 가리키는 말. ☐☐

7. 기억한 것을 잊지 않으려고 짧게 쓴 글. ☐☐

8. 오랫동안 되풀이하면서 몸에 밴 행동. ☐☐

9. 책을 모아 놓고 여러 사람이 볼 수 있게 만든 곳. ☐☐☐

10. 자신이 있다는 느낌. ☐☐☐

정답 1.다의어 2.모자 3.동형이의어 4.가리키다 5.얘 6.저것 7.메모 8.습관 9.도서관 10.자신감

도전! 낱말퀴즈

11 얼굴에 드러나는 감정. ☐☐

12 느끼고 생각한 것을 쓴 글. ☐☐☐

13 드러내어 세상에 널리 알림. ☐☐

14 혈액을 온몸으로 보내는 순환 기관. ☐☐

15 앞문장이 뒷문장의 원인이 될 때 이어 주는 말. ☐☐☐

16 서양의 고전 음악. ☐☐☐

17 풀이 난 들판. ☐☐

18 어떤 일이 일어나게 만든 까닭. ☐☐

19 다각형에서 서로 이웃하지 않은 두 꼭짓점을 이은 선분. ☐☐☐

20 새의 꽁무니에 붙은 깃. ☐☐

정답 11.표정 12.감상문 13.발표 14.심장 15.그래서 16.클래식 17.초원 18.원인 19.대각선 20.꽁지

자유롭게 써 봐요!

엮은이 정명숙

서울교육대학교와 명지대학교 대학원 문예창작과를 졸업했어요.
아이들과 관련된 책을 쓸 때 가장 행복하고, 책을 읽은 아이들이 "재미있고 유익해요!"라는 말을 할 때 가장 힘이 나고 기쁘답니다.
최근 펴낸 책으로는 『일곱 살 처음 하기 사전』, 『사라진 보물을 찾아라』, 『초등 전과목 어휘력 사전』, 『똑똑한 하루 10분 낱말퍼즐』, 『GUESS? 식물백과』, 『두뇌를 깨우는 5분 퀴즈 놀이』 등이 있어요.

그린이 허민영

그림책, 영유아 교육분야에서 아이들을 위한 그림을 그리고 있어요.
영유아 교육전문 잡지 '꼬망세'와 '색동회'의 유치원 교재에 그림을 그렸어요.
쓰고 그린 책으로는 <아이가 원하는 세상의 모든 그림 그리기>가 있고,
그린 책으로는 <온 우주가 너를 사랑해>, <재미난 시장놀이로 배우는 돈과 수학> 등이 있어요.
천재교육 교과서, 피어슨코리아, 서울문화재단, 삼성물산 래미안 등 다양한 클라이언트와 협업하며
일러스트레이터로 활동하고 있어요.
homepage www.minglem.com   instagram @minglem   mail mingle_m@naver.com

1~4학년 개정 교과서에서 쏙쏙 뽑은
초등 교과서 낱말 퍼즐

2025년 10월 15일 초판 1쇄 발행

엮은이 정명숙
그린이 허민영
펴낸이 김병준
펴낸곳 (주)**지경사**
  주   소 서울특별시 강남구 논현로 71길 12
  전   화 02)557-6351(대표) 02)557-6352(팩스)
  등   록 제10-98호(1978. 11. 12)

편집 책임 한은선 **디자인** 이수연
ISBN 978-89-319-3470-0 (73710)
잘못 만들어진 책은 구입하신 곳에서 바꾸어 드립니다.